文史哲學集成

金白鉉著

莊子哲學中「天人之際」研究

文史哲出版社印行

文史哲學集成 ⑭⑧

莊子哲學中「天人之際」研究

著　者：金　白　鉉
出版者：文史哲出版社
登記證字號：行政院新聞局局版臺業字〇七五五號
發行所：文史哲出版社
臺北市羅斯福路一段七十二巷四號
郵撥〇五一二八八一二彭正雄帳戶
電話：三五一一〇二八
印刷者：文史哲出版社

實價新台幣二八〇元

中華民國七十五年八月初版

莊子哲學中「天人之際」研究序

韓國同學金白鉉於民國六十七年來臺，初進臺灣大學，獲碩士學位。七十一年繼入輔仁大學，歷時八載，苦學深思，辛勤備至；於本年四月通過博士論文。余忝同時執教兩校，共事砌磋，略收教學相長之益。其論文以莊子的「天人之際」爲題，用客觀立場，闡述莊子哲學中人與自然之間的相互關係；條分縷析，具有獨立之思考，頗得莊生之要旨。莊子明言：「无爲爲之之謂天。」又云：「牛馬四足，是謂天；落馬首，穿牛鼻，是謂人。」歸結於「无爲而尊者，天道也；有爲而累者，人道也。」曉暢明白，「天」、「人」之定義，盡於此矣。本文從「無爲」與「有爲」立論，發揮天人之間的關係，又明自我的「成心」，可從「忘己」而化解；揭擧莊子「忘己之人，是之謂入於天」的界說，深切著明。最後，以「道在萬物」與「道通爲一」，進而消除「有待」與「無待」的對立觀念；由此論證，貫通全文；足見其對莊學已具基本的認識。「生也有涯，知也無涯」。切望勿以此自足，允宜愈加努力，期有更大的成就。金君學成，即將歸國，其爲人篤行好學，必能將其多年所得，貢獻彼邦；以增進中、韓兩國文化的交流，故樂爲之序。

中華民國七十五年「五四」紀念日　福州嚴靈峯於臺北市天母無求備齋

莊子哲學中「天人之際」研究　目錄

緒論

究天人之際，通古今之變，成一家之言。（司馬遷）

人類如果今天看事不明，內心有苦悶，有不能解決的問題，有不敢提出來的問題，或是不知道應該怎麼提出的問題，並不是說就沒有解決的方法；而是「問」得不合理，「問」得不對，或是「緘默」得不對。哲學史是充滿了問題的學問，充滿了尋求解答的嘗試的學問。（註一）吾人認爲無論是西方哲學或者是東方哲學，哲學工作不外是尋求絕對的「眞」、「善」、「美」、「聖」之工作。傳統中國哲學家在理想上大致可說是以「天」爲絕對的「眞」、「善」、「美」、「聖」；因此傳統中國典籍所謂的「天人之際」這個問題，乃成爲傳統中國哲學家所關心的中心問題之一。然而，由於他們對「天」的涵義之註釋有所不同，遂發展出了不同類型的思想體系；因而透過「天人之際」這個問題，亦可以考察傳統中國哲學家的思想模式。換言之，吾人可藉由考察他們如何發問「天人之際」這個問題，以及他們如何在這個問題中尋求解答，進而了解他們對人生的態度，用以反省吾人自己的人生取向和態度，並從中警惕自己，改正自己的錯誤。

當今，不論是韓國或是中國所面對的最大問題，皆莫過於意識型態所引起的問題；而意識型態正是莊子所說的「曲士束於教」的偏狹思想。

曲士不可語於道者，束於教也。（註二）

因此，通過莊子的「天人之際」問題，在某種程度上適可考察與反省意識型態所引起的問題。

在面對有關傳統中國哲學典籍之時，吾人最感困難的地方就是傳統中國哲學家的敍述方法；就是說，他們的書中無法看到明晰的推理過程，大部份只能看到結論式的語句。因此吾人在本論第一章中，係以歸納的方法先行探討莊子所說的「人」與「天」的觀念，然後由此探討過程中，找出其「天人之際」問題之所在而構成本論文考究的對象。

莊子所說的「人」，可分為處於實際狀態的人以及處於理想狀態的人。處於實際狀態的人之存在是個物理性的存在，因而有「生死」問題；處於實際狀態的人之活動是「與物相刃相靡」的「有為」活動，且其心態是以「自我」為中心的「成心」，因而亦有「心死」問題。

夫哀莫大於心死，而人死亦次之。（田子方篇，頁七〇七）

如此可知，處於實際狀態的人之悲哀性，是由於「心死」和「生死」問題所引起。莊子為考察此二問題之癥結，俾進以解決此二問題，遂深入反省了處於實際狀態的人之存在及其活動的場域——「物之世界」。因此在本論第二章中，吾人卽說明莊子對「物之世界」的反省，並指出有形之物的基本狀態和處於實際狀態的人存在及活動的情況。

其次莊子所說的「天」，重要點不在於以「天」爲實有體，或爲神或爲自然；而是以「天」爲自然無爲的「道」之變化原則。因此莊子所說的「道」可統攝「天」。大體上，莊子是從「道」的靜態方面講它的「有情而無形」（註三）之本體性，而指出「一氣」；又從「道」的動態方面講它的「有信而無爲」之原理性，而指出「天」。因而，莊子透過「物之世界」的反省所提出來的理想世界，可稱之爲「道之世界」，且莊子亦以此「道之世界」爲處於理想狀態的人存在及活動的場域。因此在本論第三章中，吾人卽處理莊子所展現之「道之世界」，指出「道」之特性和處於理想狀態的人存在及活動的情況。

如此，莊子經過「物之世界」的反省而展現了「道之世界」。然而爲使處於實際狀態的人能上達於理想狀態，卽爲了得到「道之世界」的可能性，必得要統一「道之世界」與「物之世界」。而統一此兩個世界的理論，在莊子卽稱之爲「道通爲一」。並且基本上，「物之世界」與「道之世界」的統一，就「物」與「道」之間必須先肯定其相通的地方；且必有如此的相通的地方才能保證莊子「道通爲一」說的實際性。再者，莊子經過「道通爲一」而指出來的理想可以說是：

天地與我並生，而萬物與我爲一。（齊物論篇，頁七九）

此卽經過「道通爲一」而達到自然如此、無待逍遙的生活，並且達到無限的、渾融整體的、不可言說的、不可思議的「道之世界」。至於惠子的理想可以說是：

氾愛萬物，天地一體也。（天下篇，頁一一〇二）

如此，莊子與惠子所提出的理想非常接近。因此吾人在本論第四章中，先探討「道通爲一」的理論根據，然後從惠子的「天地一體說」看莊子的「道通爲一」，藉以確定莊子的「道通爲一」方法之特色，並嘗試進一步說明莊子「道通爲一」之方法。

如果「道通爲一」是莊子哲學的形上原則，那麼「安之若命」可以說是莊子哲學的實踐原理。因此在本論第五章中，探討莊子哲學對一般個人所提供的「安之若命」之人生態度。

本論文以義理的問題爲主，以考據爲次。（註四）因此吾人探討莊子哲學思想也許不限於莊周一人的思想，而是以莊子書的哲學思想爲範圍。並且特重莊子反省「物之世界」的過程以及「道通爲一」的獨特方法。

莊子一書是中國歷史上最傑出而最難了解的典籍之一。筆者深感不安，以如此大異於其文字的拙筆來討論這麼偉大的著作。懇請師長體諒筆者著手的方向及文意上的不足，而惠予批評指教。

【附註】

註一　鄔昆如，西洋哲學史（國立編譯館，六八年，台五版），頁一。

註二　郭慶藩撰，莊子集釋（華正書局，六八年），秋水篇，頁五六三（本文以後凡引莊子原文、郭象注、成玄英疏，一律採用列於上之莊子集釋，爲了讀者方便起見，本文直接標明篇名、頁碼於引文下括弧，不另作註。）。

註三　參見嚴靈峯，道家四子新編（商務印書館，五七年），頁四九四，「陳壽昌：『情，實也。有情無形者，迎之不見其首，隨之不見其後也。』蔣錫昌曰：『情，卽老子之精，皆指道之眞實不虛言。』按：老子二十一章：『窈兮冥兮，其中有精。」大宗師篇：『夫道有情有信，無爲無形。』並指此言也。」。

註四　莊子一書，歷代考其篇章眞僞者甚繁，本論文撰寫期間，僅能參考其重要論據而不另細述。基本上，本論文所引莊子論點仍以「內篇」爲主，而「外篇」、「雜篇」凡義理上與本文相關者，亦擷取以補不足。

第一章 莊子哲學中的「人」與「天」及其問題

在莊子全書中，論「人」、論「天」的地方很多，且有時相提並論「人」與「天」。無為而尊者，天道也；有為而累者，人道也。（在宥篇，頁四〇一）牛馬四足，是謂天；落馬首，穿牛鼻，是謂人。故曰，无以人滅天。（秋水篇，頁五九〇）

在此，「天」指著天然，「人」指著人為，並且莊子說「无以人滅天」而主重「天」。因此，為了對「天人之際」的問題得到一初步的了解，吾人在本章中先探討有關於「人」與「天」的觀念，再於其中找出問題的所在，從而構成本論文考究的對象。

第一節 何謂「人」？

莊子所說的「人」可分為兩種，就是莊子心目中處於實際狀態的人以及處於理想狀態的人。莊子以衆人、庶人、今人、世人等，來指稱處於實際狀態的人；並常常用「悲夫！」、「大哀乎！」來表達其人存在及活動的狀態。而以眞人、至人、神人、天人、古人等，來指稱處於理想狀態的人；並用「至矣」、「盡矣」來表達其人存在及活動的狀態。

若將「人」個別化而就主體言之，可名之爲「自我」。因此在哲學上，有時「人」本身的問題可轉爲「自我」的問題。（註一）莊子哲學中的「自我」一詞的含義可分爲兩種，就是莊子所否定者「妄我」，以及莊子所肯定者「眞我」。

以上吾人所討論的「人」與「自我」的分別，其間的關係可以下圖來簡略表示：

人 ｛ 處於實際狀態的人——妄我 ／ 處於理想狀態的人——眞我 ｝ 自我

底下試依據上面的分析，進一步探討「人」與「自我」的問題。

一、處於實際狀態的人——「妄我」

莊子以「處於實際狀態的人」爲一物理性的存在，並常常描寫它的存在是渺小的。

吾在於天地之間，猶小石小木之在大山也，方存乎見少，又奚以自多！計四海之在天地之間也，不似礨空之在大澤乎？計中國之在海內，不似稊米之在大倉乎？號物之數謂之萬，人處一焉，人卒九州，穀食之所生，舟車之所通，人處一焉；此其比萬物也，不似豪末之在於馬體乎？（秋水篇，頁五六三）

如此可知，四海之於天地，僅如礨空於大澤。中國之於海內，僅如大倉中之一粒稊米。以這種觀點來看，人類所處之處，僅如馬體上之一豪一毛。那麼每一個個人在天地之間，更是小得無以復加了。

眇乎小哉，所以屬於人也！（德充符篇，頁二一七）

一個個人不但在空間當中是渺小的存在，而且在時間當中也是短暫的存在。

人生天地之間，若白駒之過郤，忽然而已。（知北遊篇，頁七四六）

以處於實際狀態的人之存在來說，「人」亦不過是萬物之一種，因此跟「有形之物」一樣受時間與空間的局限。「生死」就是處於實際狀態的人存在歷程的前後界限。

吾生也有涯。（養生主篇，頁一一五）

夫大塊載我以形，勞我以生，佚我以老，息我以死。（大宗師篇，頁二四二）

「我」既有形軀，即有一「生」之歷程，承受形軀之負擔及限制；此所謂「勞我以生」。至形軀滅壞，一切負擔及限制皆解除，「自我」由勞而息。故謂「息我以死」。（註二）如此，處於實際狀態的人存在的歷程，雖然是物理性的生命歷程而有它的局限，但是在一「生」之歷程當中有「勞我」的情形。因爲「自我」不僅是形軀，同時也是以形軀爲「自我」的「成心」。「成心」之作用，首爲逃避死亡而有所做爲；因此底下將接著討論處於實際狀態的人之「成心」。

一受其成形，不忘（化）以待盡。與物相刃相靡，其行盡如馳，而莫之能止，不亦悲乎！終身役役而不見其成功，苶然疲役而不知其所歸，可不哀邪！人謂之不死，奚益！其形化，其心與之然，可不謂大哀乎？人之生也，固若是芒乎？其我獨芒，而人亦有不芒者乎？夫隨其成心而師之，誰獨无師乎？奚必知代而心自取者有之？愚者有焉。

（齊物論篇，頁五六）

一有了形軀，就有以形軀爲「自我」的心態。因而形軀與外物之間不能渾冥同化，只能「與物相刃相靡」而至死不停。而且，如此的關係只能導致形軀的勞累疲憊而「不見其成功」。因此莊子以「不亦悲乎！」、「可不哀邪！」來表達其情形。老子也云：

吾所以有大患者，爲吾有身。（老子，第十三章）

職此，執形軀爲「自我」而追逐外物的結果沒有什麼好處，反而其心也因陷溺而分散於種種外物，最後便隨著形軀散化「其心與之然」，因而成爲以形軀爲中心的「成心」。換言之，「成心」是本有的心加上了由於追逐外物而形成的種種習慣、傳統、宣傳、教育等因素所構成的。（註三）因此，吾人認爲「與物相刃相靡」的行爲主體乃「成心」；這就是說，處於實際狀態的人的主要心態是以形軀爲中心的「成心」。

今吾告子以人之情，目欲視色，耳欲聽聲，口欲察味，志氣欲盈。（盜跖篇，頁一〇〇〇）

處於實際狀態的人欲求色、聲、味，色、聲、味都屬外物，而欲求外物的行爲之動力就在於「好惡」之情。

君將盈耆欲，長好惡，則性命之情病矣；君將黜耆欲，掔好惡，則耳目病矣。（徐无鬼篇，頁八一八）

「好惡」是表示人行爲之決定根據奠立於享樂的追求（好）與痛苦的逃避（惡）上。

夫天下之所尊者，富貴壽善也；所樂者，身安厚味美服好色音聲也；所下者，貧賤夭惡也；所苦者，身不得安逸，口不得厚味，形不得美服，目不得好色，耳不得音聲；若不得者，則大憂以懼。其爲形也亦異哉！（至樂篇，頁六〇九）

如此，處於實際狀態的人因「好惡」之情而追求滿足形軀的欲望。這就是處於實際狀態的人由「成心」所作的行爲。

其寐也魂交，其覺也形開，與接爲構，日以心鬬。縵者，窖者，密者。（齊物論篇，頁五一）

心與物接，則彼、我，是、非，好、惡，愛、憎諸念並起，徒滋煩擾。（註四）因此，以形軀爲自我的「成心」與「物」對立而發生的緊張關係，說明了處於實際狀態的人之情識活動以及認知活動。

知者，接也；知者，謨也。（庚桑楚篇，頁八一〇）

「知者，接也」是指我與外物相交，對外界的認識，而「知者，謨也」則指由內向外的思索。如此處於實際狀態的人的認知活動，包括感性的經驗認識活動與理性的推理認識活動。尤其推理的活動可以說是藉由概念而活動。這就是莊子所說的「有名」活動。

道行之而成，物謂之而然。（齊物論篇，頁六九）

凡物，稱之而名立，非先固有此名。（註五）「物」成爲如此如此之物，並非客觀存在是如此，實是在認知活動中被心靈認知爲如此。（註六）換言之，「物」原是無定的，然而在「成心」的作用下，却因稱謂而固定化。

夫知有所待而後當，其所待者特未定也。（大宗師篇，頁二二五）

名者，實之賓也。（逍遙遊篇，頁二四）

處於實際狀態的人透過「名」來表達其「實」，但「名」是具有「約定俗成」的人爲因素。

夫言非吹也，言者有言，其所言者特未定也。（齊物論篇，頁六三）

所言者既未定，也就很容易產生名實不符的虛名，而處於實際狀態的人却也因追求虛名而「爭」。

且若亦知夫德之所蕩而知之所爲出乎哉？德蕩乎名，知出乎爭。名也者，相（札）「軋」也；知也者，爭之器也。二者凶器，非所以盡行也。（人間世篇，頁一三五）

誠如成玄英在疏解這段文字時，謂「德之所以流蕩喪眞，爲矜名故也；智之所以橫出逾分者，爭善故也」。（註七）所以智巧與矜名就是爭競與德蕩的兩大凶器，處於實際狀態的人卽用智巧而相鬪爭，爲攘奪名位而相傾軋，於是，智巧可以說是處於實際狀態的人之認知活動和情識活動，而追求「名」則屬處於實際狀態的人之意志活動。

孔丘之於至人，其未邪？彼何賓賓以學子爲？彼且蘄以諔詭幻怪之名聞，不知至人之以是爲己桎梏邪？（德充符篇，頁二〇四）

在此，孔子可代表仁、義、禮、樂等社會規範以及制度、禮俗、教育者，而且可以代表追求「名」的人。然莊子認爲仁、義、禮、樂等社會規範是處於實際狀態的人之「成心」所造做，只能成爲人的桎梏。

禮者，世俗之所爲也。（漁夫篇，頁一〇三二）

吾未知聖知之不爲桁楊椄槢也，仁義之不爲桎梏鑿枘也。（在宥篇，頁三七七）

如此，莊子認爲追求仁、義、禮、樂等社會規範，只不過是追求「名」的處於實際狀態的人之意志活動而已。

彼竊鉤者誅，竊國者爲諸侯，諸侯之門而仁義存焉，則是非竊仁義聖知邪？……彼聖人者，天下之利器也，非所以明天下也。（胠篋篇，頁三五〇～三）

「天下之利器」卽指明仁義的目的性，因此可以說是處於實際狀態的人之意志表現。然仁義只不過是觀念物，所以處於實際狀態的人的意志行爲是一種佔有、支配「物」的行爲，並以此爲其目的。

總而言之，處於實際狀態的人的心態是以形軀爲「自我」的「成心」。因有成心而在「與物相刃相靡」中，追求「物」並企圖以佔有、支配「物」爲目的。然莊子認爲處於實際狀態的人之「成心」所作的行爲，只能傷害自己，不能達到其完整的目的。

夫小惑易方，大惑易性。何以知其然邪？自虞氏招仁義以撓天下也，天下莫不奔命於仁義，是非以仁義易其性與？故嘗試論之，自三代以下者，天下莫不以物易其性矣。

小人則以身殉利，士則以身殉名，大夫則以身殉家，聖人則以身殉天下。故此數子者，事業不同，名聲異號，其於傷性以身爲殉，一也。」（駢拇篇，頁三二三）

處於實際狀態的人所追逐的，小至財貨之利、仁義之名，大至家國、天下，莫不是「以物易其性」的活動。因而都有着「心死」的問題。

夫哀莫大於心死，而人死亦次之。（田子方篇，頁七〇七）

處於實際狀態的人因其存在的局限而產生「生死」問題，又因「成心」活動的「傷性」而產生「心死」問題。如此，處於實際狀態的人在莊子心目中陷於問題狀態。因此，莊子把它稱爲「妄我」。

二、處於理想狀態的人——「眞我」

莊子書中處於理想狀態的人，具有各種不同的境界，玆列擧於後：

㈠德人

德人者，居无思，行无慮，不藏是非善惡，四海之內共利之之謂悅，共給之之爲安。怊乎若嬰兒之失其母也；儻乎若行而失其道也。財用有餘而不知其所自來，飮食取足而不知其所從；此謂德人之容。（天地篇，頁四四一）

至德者，火弗能熱，水弗能溺，寒暑不能害，禽獸弗能賊；非謂其薄之也；言察乎安危，寧於禍福，謹於去就；莫之能害也。故曰，天在內，人在外，德在乎天。（秋水篇，頁五八八）

「德人」非但不逐外物，不造做「有名」、「有知」活動，而且不做由分別而來的相對判斷。他沒有分別自己所有與自己所無。他的行爲沒有固定的目的。「至德」合於「天」，因而不受外物的損傷。

㈡聖人

聖人无名。（逍遙遊篇，頁一七）

六合之外，聖人存而不論；六合之內，聖人論而不議。（齊物論篇，頁八三）

彼是方生之說也，雖然，方生方死，方死方生；方可方不可，方不可方可；因是因非，因非因是。是以聖人不由，而照之於天，亦因是也。（齊物論篇，頁六六）

聖人不從事於務，不就利，不違害，不喜求，不緣道；无謂有謂，有謂无謂；而遊乎塵垢之外。（齊物論篇，頁九七）

聖人藏於天，故莫之能傷也。（達生篇，頁六三六）

「聖人」了解「名」的局限性，因此他不追求「名」，而且六合之外，不做「有名」活動而做「無名」活動。他了解分別、變化而來的相對性，因而「照之於天」，就是「以道觀之」。如此聖人沒有因「有爲」活動而「與物相刃相靡」的行爲；他的行爲因合於天而不受外物所傷。

㈢眞人

且有眞人而後有眞知。何謂眞人？古之眞人，不逆寡，不雄成，不謨士。若然者，過而弗悔，當而不自得也。若然者，登高不慄，入水不濡，入火不熱，是知之能登假於道者也若此。（大宗師篇，頁二二六）

古之眞人，其寢不夢，其覺無憂。（大宗師篇，頁二二八）

古人眞人，不知說生，不知惡死；其出不訢，其入不距；翛然而往，翛然而來而已矣。不忘其所始，不求其所終；受而喜之，忘而復之，是之謂不以心捐道不以人助天。是之謂眞人。（大宗師篇，頁二二九）

故其好之也一，其弗好之也一。其一也一，其不一也一，其一與天爲徒，其不一與人爲徒。天與人不相勝也，是之謂眞人。（大宗師篇，頁二三四）

古之眞人，以天待之（人），不以人入天。（徐无鬼篇，頁八六六）

「眞人」知道眞理，就是說知道眞實的宇宙變化原理。因此沒有形軀爲中心的「成心」。他與天合一，因而沒有「與物相刄相靡」的「有爲」活動。

㈣神人

神人无功。（逍遙遊篇，頁一七）

藐姑射之山，有神人居焉。……乘雲氣，御飛龍，而遊乎四海之外。……之人也，物莫之傷，大浸稽天而不溺，大旱金石流土山焦而不熱。（逍遙遊篇，頁二八—三〇）

「願聞神人」。曰：「上神乘光，與形滅亡，此謂照曠。致命盡情，天地樂而萬事銷亡，萬物復情，此之謂混冥。」（天地篇，頁四四二）

「神人」不造做任何「有爲」活動，他存在及活動於六合之外，因而物我雙忘，達到混冥的境界而與「天」合而爲一。

㈤至人

至人无已。（逍遙遊篇，頁一七）

至人神矣！大澤焚而不能熱，河漢沍而不能寒；疾雷破山風振海而不能驚……死生无變於己，而況利害之端乎？（齊物論篇，頁九六）

至人潛行不窒，……是純氣之守也，非知巧果敢之列。……彼將處乎不淫之度，而藏乎无端之紀，遊乎萬物之所終始，壹其性，養其氣，合其德，以通乎物之所造。夫若

是者，其天守全，其神无郤，物奚自入焉。（達生篇，頁六三三～四）

子獨不聞，夫至人之自行邪！忘其肝膽，遺其耳目，芒然彷徨乎塵垢之外，逍遙乎无事之業。（達生篇，頁六六三）

夫至人者，相與交食乎地而交樂乎天，不以人物利害相攖，不相與爲怪，不相與爲謀，不相與爲事，翛然而往，侗然而來。（庚桑楚篇，頁七八九）

「至人」遺忘了「自我」的存在，因此沒有「與物相刄相靡」的有爲活動，他的活動是逍遙無待，無爲而無不爲的活動。與「天」的活動吻合。

㈥天人

夫復謵不餽而忘人，忘人，因以爲天人矣。故敬之而不喜，侮之而不怒者，唯同乎天和者爲然。出怒不怒，則怒出於不怒矣；出爲无爲，則爲出於无爲矣。（庚桑楚篇，頁八一五）

「天人」與「天」合而爲一，因此他的行爲是因天而動，就是無爲而無不爲的活動。

綜觀上述莊子有關處於理想狀態的人的說法，在文字上不免有些出入或欠肯定，但不管是：德人、聖人、眞人、神人或至人，總是能入水不濡，蹈火不熱，潛行不慄，歷變不𡙇。這並非後世方士、道教徒等所附會的「眞人」可以昇天入地而無礙，辟穀、服氣而不死，而是由於莊子對於「人」的本質有特殊的認識。就是說「人」的本質可以「道通爲一」。

道通爲一。其分也，成也；其成也，毀也。凡物无成與毀，復通爲一。（齊物論篇，頁七〇）

萬物一府，死生同狀。（天地篇，頁四〇七）

天地與我並生，而萬物與我爲一。（齊物論篇，頁七九）

生也死之徒，死者生之始。（知北遊篇，頁七三三）

處於理想狀態的人夷死生爲一體，同物我而無別。對於人生的看法，是非常平淡的；因此纔能達到了「忘己」的地步，纔能排脫「成心」。（註八）因而達到無心的「眞我」。

致道者忘心矣。（讓王篇，頁九七七）

處於理想狀態的人消除「成心」而達到「道通爲一」的境界，因而他的活動是與「天」合一，是無爲而無不爲的活動。（註九）

第二節　何謂「天」？

在「逍遙遊」篇一開始，莊子便以神話的方式來表出「天」的觀念。

北冥有魚，其名爲鯤，鯤之大，不知其幾千里也，化而爲鳥，其名爲鵬，鵬之背，不知其幾千里也；怒而飛，其翼若垂天之雲。是鳥也，海運則將徙於南冥。南冥者，天池也。（逍遙遊篇，頁二）

「天池」就指著莊子心目中的理想世界。並且莊子書中有「天地」篇、「天道」篇、「天運」篇等討論「天」的觀念。因此在本節中，試以描述方法來爬梳莊子有關「天」的觀念。

一、傳統上的天

莊子在單獨說「天」時，也有純粹依據傳統的意義，而以「天」爲我們所見到的自然現象者；猶謂「天之雲」的「天」一樣，指天空而言。

天之蒼蒼，其正色邪？（逍遙遊篇，頁四）

然而，莊子很少提及常識性的「天」，而且此種常識性的「天」在莊子哲學中沒有什麼重要。但是正因爲天之高遠，可以讓莊子寄託豐富的想像力；於是在形容體道之人的心靈狀態之解脫自適時，天就成爲「上界」的比喻了。（註一〇）

黃帝得之，以登雲天。（大宗師篇，頁二四七）

莊子很多地方「天」與「地」合起來相提並論「天地」。並且這「天地」的觀念中，有

因襲傳統的觀念，也有他自己的新了解。傳統上以「天地」爲覆載我們，爲我們生存食息之所在。（註一一）

雖天地覆墜，亦將不與之遺。（德充符篇，頁一八九）

天无私覆，地无私載。天地豈私貧我哉？（大宗師篇，頁二八六）

天下有大戒二：其一，命也；其一，義也。子之愛親，命也，不可解於心；臣之事君，義也，無適而非君也，無所逃於天地之間，是之謂大戒。（人間世篇，頁一五五）

如此，「天地」指著我們生存的所在，並且指著我們所面對的存在世界。因此有時莊子也以「天下」來說明人類生存生活的場域。

天下莫大於秋豪之末，而大山爲小。（齊物論篇，頁七九）

四者孰知天下之正色哉？（齊物論篇，頁九三）

天下有道，聖人成焉；天下無道，聖人生焉。（人間世篇，一八三頁）

因此，「天地」觀念中可以包括「天下」觀念。

我們通常所面對的都是些有形之物，那麼「天地」與「萬物」之間有何種關係呢？

天地者，萬物之父母也。（達生篇，頁六三二）

是故天地者，形之大者也。（則陽篇，頁九一三）

有形的存在就是「物」，而「天地」則可以包括一切的萬物。換言之，莊子係就我們所面對的有形存在的場域來講「天地」，並就我們所面對的存在散開來講「萬物」。並且「天地」可以說是廣大悉備的存在。

夫天地者，古之所大也。（天道篇，頁四七六）

夫大備矣，莫若天地。（徐无鬼篇，頁八五二）

天地非不廣且大也。（外物篇，頁九三六）

天與地无窮。（盜跖篇，頁一〇〇〇）

由此可知，「天地」就指著我們所面對的存在世界，就以爲客觀的世界。然「天地」不是所有萬物的最後存在根據，因爲雖然「天地」是廣大悉備，也是萬物之父母，但不過是「形之大者」而已。所以「天與地無窮」是指著相對性的無窮，而不是指著絕對性的無窮。

四方之內，六合之裏，萬物之所生惡起？（則陽篇，頁九一四）

我們所面對的有形存在的場域爲「天地」，有形存在——萬物的場域限於六合之裏。因此可以說「天地」的局限就在六合之裏。

今一以天地爲大鑪，以造化爲大冶，惡乎往而不可哉！（大宗師篇，頁二六二）

如此，天地以外有造化的存在。造化、造物者存在於六合之外。但是，莊子更提出無所不包的「道」來統攝天地萬物和造化、造物者。

二、自然無爲義的天

莊子認爲宇宙的最高眞實存有、最高原理是「无爲无形」的「道」。

> 夫道，有情有信，无爲无形；可傳而不可受，可得而不可見；自本自根，未有天地，自古以固存；神鬼神帝，生天生地；在太極之先而不爲高，存六極之下而不爲深，先天地生而不爲久，長於上古而不爲老。（大宗師篇，頁二四六）

在本體論意義上，莊子論「道」的觀點與老子完全一致。老子說：「有物混成，先天地生。……獨立而不改，周行而不殆；吾不知其名；字之曰道。」而莊子說：「自本自根，未有天地，自古以固存。」老子說：「窈兮冥兮，其中有精；其精甚精，其中有信。」莊子說：「夫道，有情有信。」老子說：「大象無形」，「道常無爲。」莊子說：「無爲無形。」可見莊子的論「道」，本於老子。（註一二）因此「有情」可解釋爲「有精」，而且「有情」就指著「道」的眞實存有性。

> 至道之精，窈窈冥冥；至道之極，昏昏默默。（在宥篇，頁三八一）

雖然「道」是眞實的存有，卻是窈窈冥冥而無形的。

若有眞宰，而特不得其眹。可行已信，而不見其形，有情而无形。（齊物論篇，頁五五）

由此可知，「有情而無形」係用以指稱「道」爲眞實而無形的存有；這是從「道」的靜態方面講它的本體性。而「可行已信」則指著「道」之變化之道。（註一三）；換言之，即是「有信而无爲」。這是從「道」的動態方面講它的原理性。

「道」的眞實存有性可以指稱「泰初之氣」、「正氣」、「精氣」、「一氣」以及「氣母」。

伏羲氏得之，以襲氣母。（大宗師篇，頁二四七）

若夫乘天地之正，而御六氣之辯，以遊无窮者，彼且惡乎待哉！」（逍遙遊篇，頁一七）

此所謂的「天地」本爲傳統上所說的自然天地。但莊子以此去描述一逍遙無待的境況時所顯示的意義，則不是傳統上的意義，而是一氣化的意義。因傳統的意義上的天地，無所謂「正」，亦不可說「乘」。此處所說「乘天地之正」，實爲莊子從自然的氣化觀點上說天地而來的話。「乘」是因任的意思。因任自然的氣化卽「乘天地之正」。（註一四）

通天下一氣耳。（知北遊篇，頁七三三）

彼方且與造物者爲人，而遊乎天地之一氣。（大宗師篇，頁二六八）

「天地之正」可以說是與「天地之一氣」同樣的意思。因此「乘天地之正」，乃是乘天地之正氣，正氣爲泰初之氣。而且泰初之氣，爲「道」的本體。（註一五）

「道」的原理性也可以指稱「天」。

无爲爲之之謂天。（天地篇，頁四〇六）

莊子論天，重要點不在於以天爲實有體，或爲神或爲自然；而是以天爲「道」的變化原則，卽是代表自然，代表天然。（註一六）

「自本自根」係指明「道」自身爲自因、爲本根而不須外在的原因。而「自古以固存」、「先天地生而不爲久，長於上古而不爲老」指明「道」在時間上的永恒性。「在太極之先而不爲高，在六極之下而不爲深」則指明「道」在空間上的無限性。並且「神鬼神帝」指明「道」爲推動世界的動因。「生天生地」指明「道」爲生天地萬物的根源。

以上所探討的「夫道，有情有信，无爲无形」的解釋重點可表示如下：

道｛
- 靜態方面：有情而无形—一氣—本體性—存有性
- 動態方面：有信而无爲—天—顯用性—原理性

吾人在上面中，「有信而无爲」解釋爲「道」的變化原理而指出「天」之觀念。

> 天地雖大，其化均也；萬物雖多，其治一也；人卒雖衆，其主君也。君原於德，而成於天。故曰：玄古之君天下，无爲也，天德而已矣。……無爲爲之之謂天。（天地篇，頁四〇三～六）

天地的變化，萬物的化生，人群的治理，都在於一個「天」字，「天」即無爲，即自然。（註一七）而且這個「自然」意，說明一切自生、自在、自己如此，並無「生之」者，並無「使之如此」者。然此並非唯物論，亦非順科學而來之自然主義。（註一八）

> 子游曰：「地籟則衆竅是已，人籟則比竹是已。敢問天籟。」子綦曰：「夫吹萬不同，而使其自己也，咸其自取，怒者其誰邪！（齊物論篇，頁四九～五〇）

由此地所說的「天籟」意中，可了解天籟就是自然，並非別有一物而說天籟。因此自然無爲義的「天」不能說是一個對象。

> 孰知不言之辯，不道之道？若有能知，此之謂天府。（齊物論篇，頁八三）

「天府」就指明能夠知道這不用言語的辯論、不可稱說的大道之認識主體。但是此地所說的認識主體不是一般知識論所說的認識主體，而是「虛无恬淡」的認識主體。

> 不思慮，不豫謀。光矣而不燿，信矣而不期，其寢不夢，其覺无憂，其神純粹，其魂

不罷。虛无恬淡，乃合天德。（刻意篇，頁五三九）

如此可知，「合天德」不須要追逐外物，而是通過內修而達到的。因此，莊子乃在「聖人之心」上說「天樂」。

言以虛靜推於天地，通於萬物，此之謂天樂。天樂者，聖人之心，以畜天下也。（天道篇，頁四六三）

「天樂」說明虛靜的聖人之心可通於天地萬物而冥合外物，因此沒有外物的繫累。

純素之道，唯神是守；守而勿失，與神爲一；一之精通，合於天倫。（刻意篇，頁五四六）

在「一之精通」上合於自然如此之理。因此自然無爲義的「天」可以說不是一個以感官或推理而得到的對象，也不是主客對立的一般知識論上說的認識主體。莊子是就主客合一的「一之精通」來呈顯「天」。

純粹而不雜，靜一而不變，淡而无爲，動而以天行，此養神之道也。」（刻意篇，頁五四四）

知天樂者，其生也天行，其死也物化。（天道篇，四六二頁）

聖人之生也天行，其死也物化。（刻意篇，頁五三九）

由此可知，莊子比較着重處於理想狀態的人的生命和精神所表現自然無爲義的「天」，爲此他創用了一些新觀念，如：天鈞、天倪、天府、天理、天機、天放、天德、天樂、天倫、天性、天和、天成，這些觀念顯然已不是直接由自然現象而獲得，而是處於理想狀態的人的生命和精神的自然狀況。（註一九）。因此莊子心目中，自然無爲義的「天」是任化自然的宇宙之變化原理，即是「道」之變化原則。

第三節 問題之開展

莊子心目中最眞實的存有不是「天」，而是「道」。因爲莊子論「天」，重要點不在於以天爲實有體、或爲神或爲自然；而是天爲「道」的變化原則。就是說，「天」爲「有信而无爲」的「道」之顯用性、原理性。因此「天」與「人」的問題，在莊子轉成爲「道」與「人」的問題。

莊子提出來的「道」不是憑空製造的，而是經過他的生活環境以及生命意義的反省而提出來的。莊子展現出來的「道之世界」，其最大特性可以說是「无爲无形」。「无形」指著「道」的狀態，就是說「有情而无形」指明道的本體性、存有性。並且莊子以「一氣」來說明「有情而无形」的道之本體性、存有性。因此在本體宇宙論上發生「道」與「物」之問題。

莊子所說的「人」可分爲處於實際狀態的人與處於理想狀態的人。處於實際狀態的人屬於有形、有爲的「物之世界」，處於理想狀態的人則屬於「道之世界」。因此莊子心目中的「天人之際」可分爲如下：

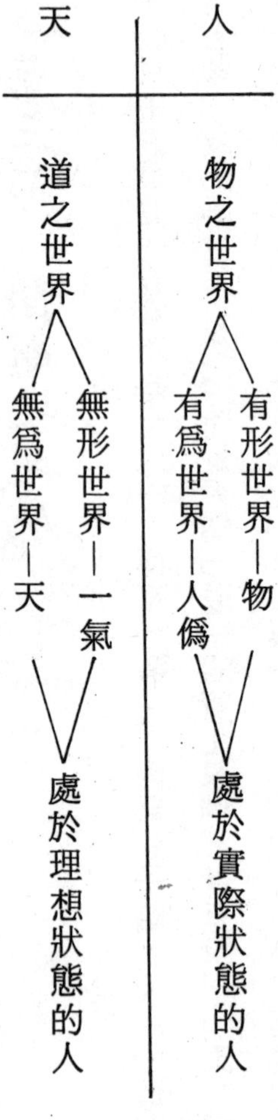

因而，在莊子所謂的「天人之際」，產生了下列問題：

一、所謂處於實際狀態的人，其問題狀態指明什麼？

二、所謂處於理想狀態的人，其理想狀態指明什麼？

三、處於實際狀態的人可不可能成爲處於理想狀態的人？如果可能的話，這可能性的理論根據何在？又是如何可能？

四、處於實際狀態的人在成爲處於理想狀態的人之歷程中，應當如何來面對他的存在和人生？換句話說，莊子哲學究竟對一般的個人提供了怎樣的人生態度呢？

處於實際狀態的人在莊子心目中只不過是萬物之一，而有其「生死」問題；更由於處於實際狀態的人之「成心」常常「與物相刃相靡」，而有其「心死」問題。如此處於實際狀態的人必與「物」有關。而以「物」構成的世界，即指著處於實際狀態的人存在及活動的場域。就是說，處於實際狀態的人所面對的世界是有形、有爲的「物之世界」，並且在與「物之世界」往返的過程中，不可避免地產生「生死」問題與「心死」問題。因此，爲了解決處於實際狀態的人具有的「生死」與「心死」問題，首先必須反省「物之世界」而找出問題之所在。（本文將在第二章處理）

莊子經過「物之世界」的反省而提出的理想世界，可稱之爲「道之世界」。「道之世界」是針對「物之世界」的問題而提出的世界，因而可以說是莊子心目中最完整的世界，而指著處於理想狀態的人存在及活動的場域。因此考察莊子展現出來的「无爲无形」的「道之世界」，即在究明莊子的理想。（本文將在第三章處理）

莊子所展現的「无爲无形」的「道之世界」，是否只是莊子夢想中的世界？如果那樣，莊子所說的處於理想狀態的人也不過是莊子的幻想而已。並且「物之世界」與「道之世界」既然屬兩個不同的世界，那麼首先就必須有統一兩個世界的可能性，才有處於實際狀態的人成爲處於理想狀態的人之可能性。而這種可能性是莊子明顯肯定的，並且莊子也提出了統一兩個世界的方法，卽所謂的「道通爲一」之方法。「道通爲一」是統一兩個世界的形上原則，因此在「道通爲一」的形上原則之下，保證了處於實際狀態的人成爲處於理想狀態的人之可能性，也保證「道之世界」的實際性。因而本文續卽探討「道通爲一」的形上原則，以及如何可能的「道通爲一」的方法。（本文將在第四章處理）

在「道通爲一」的保證之下，處於實際狀態的人才成立生活的目標與原則，此可稱爲「安之若命」的人生觀。莊子認爲，處於實際狀態的人具有的悲哀性是「心死」與「死亡」。並且如此的悲哀性是由於他的有爲活動而引起的。因此，他主張處於實際狀態的人必須要因任自然無爲的「道」，以解決其悲哀性。因任從隱藏於內心的「天府」中發出來的「無爲而無不爲」的原理，就是「安之若命」的人生態度。因此本文最後將討論在「安之若命」的人生態度之下，如何成立「安之若命」的生死觀以及逍遙觀。（本文將在第五章處理）

【附註】

註一　參見方東美，中國哲學之精神及發展（Linking Publishing Co., Ltd.），頁一四〇～一。

註二　勞思光，中國哲學史（一）（三民書局，七十年），頁二〇五。

註三　王煜，老莊思想論集（聯經出版公司，六八年），頁一四六。「莊子所言『成心』，一方面可與『成形』對言，指造化所成的人心；另一方面可採狹義，指由傳統、習慣、宣傳、教育諸因素所造成的習心與其偏執。」吾人在此只用狹義，第二章進一步討論「成心」。

註四　嚴靈峯，老莊研究（中華書局，六八年、二版），頁二三三。

註五　王先謙，莊子集解（三民書局，六三年），頁十。

註六　同註二，頁二一八。

註七　成玄英疏，莊子集釋，頁一三五。

註八　嚴靈峯，老列莊三子研究文集（「經子叢著」第九冊）（國立編譯館，七二年），頁五四七～八。

註九　參見同註一，頁一三二。

註一〇　傅佩榮，儒道天論發微（學生書局，七四年），頁二三九。

註一一　李杜，中西哲學思想中的天道與上帝（聯經出版公司，七一年、三次印行），頁一四八。

註一二　同註八，頁五〇五。

註一三　參見羅光，中國哲學史先秦篇（學生書局，七一年、重版），頁五〇二，「莊子以信爲『道』之變化之道」。

註一四　同註一一，頁一四九。

註一五　參見同註一三，頁五〇九，「『乘天地之正』，乃是乘天地之正氣；……正氣爲泰初之氣。」頁五〇六，「泰初之氣，爲『道』的本體，芒芒冥冥，無形無爲，不可見聞。這個泰初之氣充塞宇宙，爲宇宙的元素，而且周遊萬物之內，沒有停止。」

註一六　同註一三，頁五一八。

註一七　同註一三，頁五一九。

註一八　牟宗三，才性與玄理（學生書局，六七年、台再版），頁一九五。

註一九　楊慧傑，天人際關係論（大林出版社、七十年），頁一二六～七。

第二章　「物之世界」的反省

從莊子生命哲學的立場來看，「物之世界」是指處於實際狀態的人存在活動的場域。人之存在必然與周遭的世界發生關聯，這種關聯最明顯的莫過於認知關係；然而，人之存在活動是整全的，在認知活動中不可避免地摻雜有其他情識活動、價值活動等。因此，人之存在活動所關涉的世界，就不只是單純的認知活動所關涉的世界，同時也是情識活動、價值活動所關涉的世界。（註一），處於實際狀態的人，其形軀只不過是萬物之一，故有其「生死」問題存在；而其「成心」活動則常常「與物相刃相靡」，亦有其「心死」問題存在。如此，處於實際狀態的人必定與「物」有關係。本文所謂的「物之世界」即指「物」所構成的世界。因此，底下將先分析莊子所說的「物」究竟指明什麼？

首先，莊子所謂的「物」或「萬物」，通常是指着經驗界感官知識的對象。

凡有貌象聲色者，皆物也，物與物何以相遠？夫奚足以至乎先？是（形）色而已。」

（達生篇，頁六三四）

成玄英疏：

夫形貌聲色，可見聞者，皆爲物也。（同上，頁六三五）

「可見聞者」即指人感性知識的對象。莊子常以「萬物」一詞指稱感性知識所能包括的一切對象。此地所說的「物」，是一般人日常所見、所想之具體的、物質的「物」，可以把它統稱爲「有形之物」。因爲「貌象」是指形狀，是量的特性；「聲色」是質的特性。（註二）並且物與物之間的區別，若單從外觀來看，只不過是形色的不同而已。這些形色不同的「物」，在有了不同的「形色」（形而下的現象）之後，更由於人知（經驗知）認識、評價，加上了「名」，且以這些「名」爲媒介，才使得「物」的正邪善惡，成爲人類的知、情、意一味執迷不悟的爭端。（註三）

錢財不積則貪者憂，權勢不尤則夸者悲，勢物之徒樂變，遭時有所用，不能无爲也。此皆須比於歲；不物於易者也，馳其形性，潛之萬物，終身不反；悲夫。（徐无鬼篇，頁八三五）

王先謙解：

物，事也。（註四）

「事」是抽象物，是觀念物——人間最複雜的因素之一，可包括名、利、仁、義、禮、樂等等。如此，莊子所說的「物」，除了有形之物外，還指着「觀念物」。而且由「不能无爲也」一段中，可以想知「物」是「有爲」的對象。因此，「與物相刃相靡」就指明落在官能欲求的盲目爭逐之中，而有了人我的生命衝撞。（註五）因而此地所說的「物」，不只是「養形必先之以物」（達生篇，頁六三〇）的物質之「物」，還包括了抽象的知識和理論。

> 知士无思慮之變則不樂，辯士无談說之序則不樂，察士无淩誶之事則不樂，皆囿於物者也。（徐无鬼篇，頁八三四）

「囿於物」，顯然地，「物」不單指物質的有形之物，同時也指思慮的知、談說的名、以及淩誶的事。因此，本文認爲「物之世界」不只是以「有形之物」構成的世界，尚且包括以思想及意識型態等所構成的「觀念世界」。

因此，「物之世界」是總稱處於實際狀態的人存在活動的場域。這個場域基本上包括了以形色所構成的「有形世界」，和有爲活動所構成的「有爲世界」——處於實際狀態的人，通過認識主體的有爲活動（包括認知、思想、評價，乃至意識型態的作用），將此活動場域執爲「有爲世界」。底下將把「物之世界」分爲「有形世界」和「有爲世界」，來反省其特有的問題。

第一節　「有形世界」的反省

處於實際狀態的人所面對的世界，是以有形之物與有名來構成的世界。然而，有名世界是認識主體通過有爲活動而後才構成的世界，有形之物的世界則是被處於實際狀態的人認爲具有客觀性的世界。因此，我們在此先提出有形之物的基本狀態與特徵，進而反省有形之物與處於實際狀態的人之間所發生的問題。有形之物的基本狀態可用下列三點來說明：㈠有形之物的有限性；㈡有形之物的分別性；㈢有形之物的待變性。（註六）

一、有形之物的有限性

四方之內，六合之裏，萬物之所生惡起？（則陽篇，頁九一四）

天有六極五常。（天運篇，頁四九六）

莊子以「四方」、「六合」、「六極」等詞來表達空間之義，而且指明空間是萬物所存在以及活動的領域。

鵬之徙於南冥也，水擊三千里，摶扶搖而上者九萬里。（逍遙遊篇，頁四）

斥鴳笑之曰：「彼且奚適也？我騰躍而上，不過數仞而下，翺翔蓬蒿之間，此亦飛之至也。而彼且奚適也？」此大小之辯也。（逍遙遊篇，頁一四）

鵬與斥鴳之間顯然有大小之差，此大小之差就指明每個有形之物所具有的空間之差。由此亦知，每個有形之物皆具有一空間的位置，並且活動於空間當中。

除了空間之外，有形之物亦存在於時間的領域。

小年不及大年。奚以知其然？朝菌不知晦朔，蟪蛄不知春秋，此小年也。楚之南有冥靈者，以五百歲爲春，五百歲爲秋；上古有大椿者，以八千歲爲春，八千歲爲秋。（此大年也）而彭祖乃今以久特聞，衆人匹之，不亦悲乎！（逍遙遊篇，頁一一）

「年」、「歲」、「晦朔」、「春」、「秋」、「古」、「今」等字皆表示着時間的長短。由此可知，每個有形之物皆具有一時間的領域。

井鼃不可以語於海者，拘於虛也；夏蟲不可以語於冰者，篤於時也。（秋水篇，頁五六三）

釋文說：

虛，音墟，本亦作墟。（同上，頁五六五）

此「墟」是空間的意思；「拘」則表示井鼃由於處在井的空間當中而行動受限制，行動一受限制，知識也隨之受到限制。同樣地，「篤於時」一句便相應於「拘於虛」，表示因時間的限制，夏蟲亦隨之受到限制。顯然地，這段話是說明經驗知識中「限制」的問題，然此限制來自有形之物或人之形在時間與空間中所受的限制。如此，有形之物受時間與空間的限制，所以每個有形皆是有限的存在。這也是說，每個有形之物都存在及活動於一具有時空限制的場域。

上面討論時間與空間，是把兩個概念分開加以闡明。然而，在莊子的思想中，時間與空間是無法全然分離的。他將時間與空間合稱爲「宇宙」一辭。

> 奚旁日月，挾宇宙？爲其脗合，置其滑涽，以隸相尊。（齊物論篇，頁一〇〇）

尸子云：

> 天地四方曰宇，往古來今曰宙。（同上，頁一〇一）

「宇宙」就是時間與空間的結合，「宇」是指空間，「宙」字則表示時間的意思。同時，「宇宙」也指明爲萬物存在及活動的領域。

> 小夫之知，不離苞苴竿牘，敝精神乎蹇淺，而欲兼濟道物，太一形虛。若是者，迷惑於宇宙，形累不知太初。（列禦寇篇，頁一〇四七）

有限存在的總合可以說是萬物，而「宇宙」是萬物存在及活動的領域。此「宇宙」，因人有形而活動於其中，因人以「成心」存在而活動於其中，故成爲處於實際狀態的人所迷惑的對象。因此，此地所說的「宇宙」還只是個外物而限於六合之內。

四方之內，六合之裏，萬物之所生惡起？（則陽篇，頁九一四）

予少而自遊於六合之內，予適有瞀病，……予又且復遊於六合之外。（徐无鬼篇，頁八三二）

予方將與造物者爲人，厭，則又乘夫莽眇之鳥，以出六極之外，而遊无何有之鄉，以處壙埌之野。（應帝王篇，頁二九三）

如此可知，「六合」可有內外之分，而萬物只能存在於六合之內。因此，六合之內的有限「宇宙」，是處於問題狀態的人所迷惑的對象。

「有形世界」是六合之內的世界，也是有限的有形物存在活動的場域，處於實際狀態的人卽以有限的存在而處於六合之內；六合之內的宇宙就是處於實際狀態的人迷惑的對象，是一個被視爲「外物」的宇宙。因此，莊子爲了超越這種有限的有形宇宙，遂提出無限宇宙的「道之世界」。

二、有形之物的分別性

「有形世界」指著有形宇宙，就是指現象界、經驗界。因此，「有形世界」之內，時間與空間是可加以區別的。空間可分爲「四合」或「四方」再加上「上下」而成爲「六合」或「六極」；時間可切割爲「古」和「今」、「始」和「終」、「年」、「四季」、「月」、「日」、「時」等。並且，萬物存在及活動於一具有時空分別的世界，所以萬物也隨着時空的分別而具有分別性。有形之物在其「始」時的狀態和在其「終」時的狀態是不同的，所以有分別。不同的狀態就有分別，這是任何一物因時空的分別而有的分別。其次，物與物之間也有分別。

物與物何以相遠？夫奚足以至乎先？是(形)色而已。(達生篇，頁六三四)

因而物與物之間的分別就在於不同形色的分別，因爲萬物是以不同形色相生的。

有倫生於无形，精神生於道，形本生於精，而萬物以形相生。(知北遊篇，頁七四一)

林希逸說：

見而可得分別者，謂「有倫」，「有倫」萬物也。(註七)

屬於「有形世界」的「物」是「有倫」的、「有形」的，而「有倫」就是見而可得分別者。

萬物皆種也，以不同形相禪。(寓言篇，頁九五〇)

物因有不同的「形」而有分別，所以萬物雜多而紛紜。

萬物云云，……（在宥篇，頁三九〇）

今計物之數，不止於萬，而期曰萬物者，以數之多者號而讀之也。（則陽篇，頁九一三）

因有不同「形」而引起分別，遂有雜多紛紜的萬物；且物之數是無窮無盡的。然而，這分別是因「封」與「畛」兩個字所表達的時空界限而來的。

夫道未始有封，言未始有常，爲是而有畛也。請言其畛：有左、有右、有倫、有義、有分、有辯、有競、有爭，此之謂八德。（齊物論篇，頁八三）

成疏云：

畛，界畔也，……畛域不同，昇沈各異。故有東西左右，春秋生殺。（同上，頁八四）

「左右」是指著空間的界限。雖然此「八德」中沒有提及時間，但是「未始有常」却也表達了時間的界限；又如成玄英所謂「春秋生殺」，同樣表示時間之作爲物的界限。物受「封」，「畛」的局限，因此有一形。基本上這是從認識論的觀點上來說的。

無論如何，有形之物是有分別的，且因如此的分別而有對立。除了上面所講的，因空間的分別而有大、小的對立，因時間的分別而有長、短的對立以外，我們的所有判斷也都有着分別對立性，如：是非、善惡、美醜、利害、喜怒、哀樂等等皆是分別對立的。因而，人很容易從萬物中選取某些物爲是、爲善、爲利、爲美、爲喜、爲樂而追逐之。然而莊子認爲，這些物並不是絕對的是或善，只是相對的是、相對的善而已。（註八）因此，莊子爲了消除萬物的分別對立而引起的相對性，遂提出「夫道未始有封」、「萬物皆一也」的說法。

自其異者視之，肝膽楚越也；自其同者視之，萬物皆一也。（德充符篇，頁一九〇）

通天下一氣耳。（知北遊篇，頁七三三）

彼方且與造物者爲人，而遊乎天地之一氣。（大宗師篇，頁二六八）

「異者」指明形色，「同者」指明「氣」。因爲，雖然此地所說的「一」，爲認識論之「一」，和是非爲一、萬物相等，沒有差別；不過，萬物相等是因爲同出於一氣，氣爲一，萬物乃相等。（註九）

綜上可知，莊子爲了消除萬物的分別對立所引起的相對性，無論是就認識論或存有論上的相對性，他都希望予以破除，因而提出了整體的「道之世界」來解決這個問題。

三、有形之物的待變性

萬物在時間中的存在有長有短，這種長短的差別，表示時間必有限制以規定其前後，認識主體必意識到一始和一終，才對時間的長短與流變有所領悟。「始」和「終」就是時間的

「封」、「畛」，而且指着某一物變化過程的兩端。物在其「終」便不同於在其「始」的狀態。因此，「變化」就是「始」和「終」之間所產生的差別。萬物的變化與時間的終始是分不開的。

> 時有終始，世有變化。（則陽篇，頁九一〇）

所有的有形之物都存在於變化的流變當中。

> 物之生，若驟若馳，无動而不變，无時而不移。（秋水篇，頁五八五）

「物之生」是表示有形之物的存在過程。此過程可再分爲無計其數之小過程，就是「分无常」。這些小過程也就是有形之物在其存在中所經歷的各種變化。但是，每一有形之物的存在本身是一總過程，這就是有形之物的「成毀」，人的「生死」。

> 若夫萬物之情，人倫之傳，則不然。合則離，成則毀。（山木篇，頁六六八）

> 道无終始，物有死生。（秋水篇，頁五八四）

「物有死生」即說明有形之物在時間上所受的局限，因而發生從「生」到「死」之時間過程。並且就人的生命而言，此「生死」就等於氣之聚與散。

> 人之生，氣之聚也，聚則爲生，散則爲死。（知北遊篇，頁七三三）

在莊子書中，「生死」尤指形軀之「成毀」。（註一〇）「生死」、「成毀」同指着有形之物存在歷程的前後界限。而且，此存在歷程中無物不變。換言之，所有的有形之物皆在於變化的流變當中。並且莊子認爲，物之變化是一種限制。這也是說，沒有一件事物和現象不是「暫時」的過程。（註一一）有形之物的「成毀」，就是它存在的極限。如此，萬物皆受時空的限制而有「生死」，然此「生死」的變化必依某些條件而發生。

萬物亦然，有待也而死，有待也而生。（田子方篇，頁七〇七）

「生死」是就一個物的存在與不存在之分別對立，來表明其「生死」。同樣地，依待的關係也是先有分別才有可能成立。

夫列子御風而行，冷然善也，旬有五日而後反。彼於致福者，未數數然也。此雖免乎行，猶有所待者也。（逍遙遊篇，頁一七）

郭注：「非風則不得行，斯必有待也，唯無所不乘者無待耳。」（同上，頁二〇）

由此可知，先有「列子」與「風」的分別，而後「列子」與「風」之間才成立依待關係，這也指明有形之物的變化必依賴某些條件而發生。如此，必須依賴條件的因果關係，就是莊子所說的「有待」。

日出東方而入於西極，萬物莫不比方，有目有趾者，待是而後成功，是出則存，是入則亡。萬物亦然，有待也而死，有待也而生。」（田子方篇，頁七〇七）

「有形世界」的一切有形之物皆是有待的，依賴著條件而成。因此，沒有一物是自足的（不依賴條件而成）。（註一二）從有形之物的存在是有待的，是依賴其他條件而成來看，可知有形之物的存在是有限的，並不是無限的。所以「有待」關係是相對的。這就是說，物可作爲條件，亦可作爲條件的結果：物之所待本身亦有有所待。

罔兩問景曰：「曩子行，今子止；曩子坐，今子起；何其无特操與？」景曰：「吾有待而然者邪？吾所待又有待而然者邪？吾待蛇附蜩翼？惡識所以然！惡識所以不然！」（齊物論篇，頁一一〇～一一）

衆罔兩問於景曰：「若向也俯而今也仰，向也括〔撮〕而今也被髮，向也坐而今也起，向也行而今也止，何也？」景曰：「……予有而不知其所以。予，蜩甲也，蛇蛻也，似之而非也。火與日，吾屯也；陰與夜，吾代也。彼吾所以有待邪？而況乎以〔无〕有待者乎！彼來則我與之來，彼往則我與之往，彼强陽則我與之强陽。强陽者又何以有問乎」（寓言篇，頁九五九）

有形之物的有待關係是無窮的，無法找到其「物」之有所待本身。如此，每個有形之物皆是有待而變化的。然莊子爲了超脫依賴條件而成的「成」與「毀」的流變世界，遂提出了無待而自化的「道之世界」。

綜觀前面我們所探討之「有形世界」的基本狀態與特徵，可以說，從有形之物的有限性，分別性與待變性中，我們可以發現，如此的基本狀態不是絕對的，而是相對的，更不是完美的。處於實際狀態的形軀也存在及活動於「有形世界」當中，因此基本上卽受時間與空間及各條件之限制而有局限性。其次，有形之物因分別對立而引起相對性，處於實際狀態的人之存在及活動也是相對的。再其次，每個有形之物是有待而變化的，因而處於實際狀態的人也是依賴條件而變化的。所以，處於實際狀態的人之存在及活動是有限的、有待的，不是完美的、絕對的。

然而，處於實際狀態的人却因有形軀爲中心的「成心」，而以「有形世界」爲眞實的世界；進而「與物相刃相靡」以造作觀念物，然後執着於有形之物和觀念物所構成的「物之世界」。這也就是處於實際狀態的人之有爲活動。因此，在下節中我們將反省處於實際狀態的人這種「與物相刃相靡」的有爲活動。

第二節　「有爲世界」的反省

上節對「有形世界」的反省當中，我們發現處於實際狀態的人把「有形世界」執爲具有客觀性的世界，因此，「有形世界」的有形之物遂成爲絕對的。然而，有形之物並不是絕對的，而是相對的，更不是完美的；只是處於實際狀態的人在有爲活動下，方產生這種視有形之物爲絕對，爲完美的執着。因此，我們在本節中反省處於實際狀的人之有爲活動及其原因和問題。處於實際狀態的人之有爲活動可分爲：㈠有名活動；㈡有知活動；㈢有欲活動。（註一三）

一、有名活動

莊子認爲，「有形世界」是通過具有表意功能的語言而了解的。

道行之而成，物謂之而然。（齊物論篇，頁六九）

「物」成爲「如此如此之物」，並非客觀存在是如此，實是在認知活動中被心靈認知爲如此。（註一四）這就是說，語言具有表意的功能，因而我們通過語言來解釋「有形世界」。

夫道未始有封，言未始有常，爲是而有畛也。（齊物論篇，頁八三）

「有畛」也指明語言具有的分別化、固定化功能。如果在此地有水，而我們稱之爲「水」（註一五），那麼這透過語言而表達的水就會因「水」的概念而帶有固定的意義。因此，將無定的事物，藉語言來固定化，這就是語言的表意功能。

夫言非吹也，言者有言，其所言者特未定也。果有言邪？其未嘗有言邪？其以爲異於鷇音，亦有辯乎？其無辯乎？（齊物論篇，頁六三）

蔣錫昌注釋說：

言出機心，吹發自然，二者不同。」（註一六）

具有表意功能的語言是有意義的符號，這不同於沒有意義的聲音。語言是對應於「意義」的符號，因此，可以說語言是指具有意義的符號，因而是有所指謂的對象。在語言符號與其指謂對象之間，莊子指出了荀子所謂「約定俗成」的作用。「約定俗成」是人爲的因素，故曰：「其所言者特未定也」；換言之，語言符號與其所指謂的對象，因「約定俗成」的人爲因素，始有固定的對應關係，亦因之語言符號才可以使用。

名者，實之賓也。（逍遙遊篇，頁二四）

「名」指著具有意義的語言符號，「實」指著其所指謂的對象。名之實，有具體對象，也有抽象對象；具體對象容易爲人所知。在莊子書中，容易看到的具體稱謂如：

其名爲鯤……其名爲鵬。（逍遙遊篇，頁二）

其名爲風。（齊物論篇，頁四五）

邊竟有人焉，其名爲竊。（天道篇，頁四八四）

以上諸「名」皆用以指謂具體的實物而容易確定。然抽象對象則不容易確定，須加以說明。在莊子書裡，也有這類的解釋，例如：

予謂女夢，亦夢也。是其言也，其名爲弔詭。（齊物論篇，頁一〇四）

无爲爲之之謂天，无爲言之之謂德，愛人利物之謂仁，不同同之之謂大，……（天地篇，頁四〇六）

如此，莊子也用「名」而指謂「實」。然而「名」與「實」之間有「約定俗成」的作用，因而有時發生「異名同實」、「同名異實」的情形。

周徧咸三者，異名同實，其指一也。（知北遊篇，頁七五〇）

名相反而實相順也。（庚桑楚篇，頁八一〇）

雖然「名」不同，但是「實」若相順的話，「名」和「實」之間卽沒有出入。如此，莊子也不反對名符其實的有名活動。

名止於實，義設於適，是之謂條達而福持。（至樂篇，頁六二二）

名應「副」實，充其量是「符」實。設若名過其實，便有喧賓奪主之害。一旦如此，則經由有名活動而得到的思想，和實在之間便發生很大的距離。

道惡乎隱而有眞僞？言惡乎隱而有是非？道惡乎往而不存？言惡乎存而不可？道隱於

小成，言隱於榮華。（齊物論篇，頁六三）

「言隱於榮華」即指明玩弄語言所引起之名過其實的情形。這也是說，在有名活動當中滲透了自我爲中心的「成心」，而後才有「是非」的固定意義。因此，有時在有名活動當中，有一些並不關涉「實」之眞僞如何，只是人們各自將固定化的「名」執爲「是非」之準繩而已。

名，公器也，不可多取。仁義，先王之蘧廬也，止可以一宿而不可久處，覯而多責。（天運篇，頁五一七）

此地所說之「仁義」，不是一個人的眞切體驗，而是已經成爲公共化的仁義聖迹，如史鰌之忠、曾參之孝。公共化的聖迹正如旅館般，不應長駐久留其中。這也是說，「仁義」通過「名」而固定化，成爲公器。因此，「仁義」之「實」和「名」之間有所出入，而固定化之「名」喧賓奪主，反變成人們爭逐的對象。如此，莊子批評儒家將道德施行「名目化」（itemization），巧立仁義禮智誠信忠孝等德目（moral items），遂令衆生毫無眞情實感地馳騖攀援那堆外在化、僵固化、教條化（dogmatised）的德目。（註一七）而處於實際狀態的人正是把固定化的「名」執爲眞實而爭逐之。

且若亦知夫德之所蕩而知之所爲出乎哉？德蕩乎名，知出乎爭，名也者，相（札）［軋］也；知也者，爭之器也。二者凶器，非所以盡行也。（人間世篇，頁一三五）

由此可知，莊子認爲固定化的「名」只不過是外物而已，因而追求好名，只是「以物易其性」的活動而已。（註一八）

我們在此既然反省「有名活動」本身的限制問題，而有名活動就是語言活動，那麼語言到底有沒有它的限制呢？

世之所貴道者書也，書不過語，語有貴也。語之所貴者意也，意有所隨。意之所隨者，不可以言傳也，而世因貴言傳書。世雖貴之，我猶不足貴也，爲其貴非其貴也。故視而可見者，形與色也；聽而可聞者，名與聲也。悲夫，世人以形色名聲爲足以得彼之情！夫形色名聲果不足以得彼之情，則知者不言，言者不知，而世豈識之哉！（天道篇，頁四八八）

「語之所貴者意也」指明了語言以表意爲功能。然而一個人未必能透過語言而了解他人之心意。亦卽說，語言只能表達形色名聲之有形世界，因此莊子認爲「夫形色名聲果不足以得彼之情」。

可以言論者，物之粗也；可以意致者，物之精也；言之所不能論，意之所不能察致者，不期精粗焉。（秋水篇，頁五七二）

六合之外，聖人存而不論；六合之內，聖人論而不議。（齊物論篇，頁八三）

因此，以透過語言來表達的有名活動，只在「六合」之內有其可能性；且有形世界中的有名活動，也只容許在「名」符其「實」的條件範圍內。然而，有名活動中若滲入自我爲中心的「成心」，而以固定化的「名」爲眞，則爭逐「名」的情形卽會出現。而處於實際狀態的人之有名活動，卽因自我爲中心的「成心」，遂執其固定化的「名」爲眞標準。如此，有名活動不過是「以物易其性」的活動而已。

二、有知活動

一般的知識論首先需討論認識的要素及其相互關係，這可分爲㈠認識主體（Subject）、㈡認識客體（Object）、和㈢認識行爲。所以要有知識，需要一個有知者或認識者，稱爲知者或認識者，這個名詞並不是一個純一、一個獨立的字，它必定要與其他的東西有關係，也就是它一定要肯定一個東西：被認識者或被知者。知者與被知者，認識者與被認識者的關係，又另是一個東西：不是知者、認識者，也不是被認識者或被知者。它另是一種由知者達到被知者，或者被知者促起知者的一種行爲。（註一九）換言之，一般的知識必需先具有認識主體與認識客體，而後由主客之間的關係當中有認識行爲才產生知識。因此一般的知識是主客對立的知，且是莊子所說的「小知」。（註二〇）莊子所說的「小知」可分爲經驗之知和推理之知。

成疏：

知者，接也；知者，謨也；知者之所不知，猶睨也。（庚桑楚篇，頁八一〇）

夫交接前物，謀謨情事，故謂之知也。（同上，頁八一二）

章太炎說：

接謂觸受，卽感覺也；謨，摹同，想也，思也。（註二二）

「接」就是以感性接觸有形之物而得經驗的知，「謨」就是透過回想作用，再以概念抽象而得推理的知。然有形之物也好，概念也好，都屬外物。如此，莊子所說的「小知」就預設了外物與主體之間的對立，而且兩者在相對待中產生「小知」。

夫知有所待而後當。（大宗師篇，頁二二五）

莊子所說的「小知」是必具有所待而後產生的。然莊子認爲主客對立的「小知」不是眞實的知，只是相對的知而已。因此他提出「去小知」的意見。

去小知而大知明。（外物篇，頁九三四）

如此，莊子認爲必得去主客對立的「小知」才得到眞實的「大知」，所以我們接着將探討「小知」的局限性以及封閉性問題，藉以闡明「去小知」的意義。

主客對立的「小知」以處於實際狀態的人之「成心」爲認識主體。所以我們再度來考察一下處於實際狀態的人及其「成心」。

號物之數謂之萬，人處一焉。（秋水篇，頁五六四）

「人」亦不過是萬物之一種，因爲具有形軀。

夫大塊載我以形，勞我以生，佚我以老，息我以死。（大宗師篇，頁二四二）

自然給予我一形軀，我旣有形軀，卽有一「生」之歷程。形軀原爲一物理性的存在，所以跟「萬物」一樣在宇宙之內存在及活動。

余立於宇宙之中，……（讓王篇，頁九六六）

有形軀之我也不過是萬物之一種，而存在及活動於時間與空間之內，所以跟有形之物一樣受時間與空間的局限。

井鼃不可以語於海者，拘於處也；夏蟲不可以語於冰者，篤於時也。（秋水篇，頁五六三）

「井鼃」被封閉在有限的空間當中，因而牠的經驗知識有局限。「夏蟲」被封閉在有限的時間當中，因而牠的經驗知識有局限。人也同樣受有限生命的限制，而他的經驗知識也有局限。

朝菌不知晦朔，蟪蛄不知春秋。（逍遙遊篇，頁一一）

如此，莊子認清了人的現實生命的有限性，而提出其知識的局限性。

> 吾生也有涯，而知也无涯；以有涯隨无涯，殆已，已而為知者，殆而已矣。（養生主篇，頁一一五）

成疏：

> 夫生也有限；知也無涯；是以用有限之生逐無涯之知，故形勞神弊而危殆者也。（同右，頁一一六）

以有限之生，去追求無涯之知，那成果必然有限度而不能周全，只會形勞神弊而已。

> 計人之所知，不若其所不知；其生之時，不若未生之時；以其至小求窮其至大之域；是故迷亂而不能自得也。（秋水篇，頁五六八）

如此可知，個人的生命是短暫的，窮畢生精力也無法認識外在世界的全部眞象。任何從有限的個人出發，企圖對廣濶的宇宙作正確的判斷，都是不可能的。（註二二）「小知」的認識主體不但受時空的局限，而且被拘限僵固於文化、社會等環境中，很容易形成一種封閉性的心態。這就是名教的局限性。

> 曲士不可以語於道者，束於教也。（秋水篇，頁五六三）

「曲士束於教」雖然是指著當時各家各派的學者們受偏狹思想的束縛，但是一般人也一樣接受由種種習慣、傳統、教育等因素所構成的「成心」（註二三）的影響而有自我爲中心的心態。

夫隨其成心而師之，誰獨且无師乎？奚必知代而心自取者有之？愚者與有焉。（齊物論篇，頁五六）

成疏：

夫域情滯著，執一家之偏見者，謂之成心；夫隨順封執之心，師之以爲準的；世皆如此。故誰獨無師乎。（同右，頁六一）

由此可知，每個人皆有以自己的立場爲主的「成心」。因此，當有認識行爲之時，因著人的主觀「成心」的滲入，終使其有失於客觀的眞實性。

民溼寢則腰疾偏死，鰌然乎哉？木處則惴慄恂懼，猨猴然乎哉？三者孰知正處？民食芻豢，麋鹿食薦，蝍蛆甘帶，鴟鴉耆鼠，四者孰知正味？猨猵狙以爲雌，麋與鹿交，鰌與魚游。毛嬙麗姬，人之所美也；魚見之深入，鳥見之高飛，麋鹿見之決驟。四者孰知天下之正色哉？（齊物論篇，頁九三）

如此因有感官的局限性而有觸覺、味覺、性感、視覺的差異。（註二四）換言之，感性的知識受了時間與空間以及各種條件的限制，透過感官得到的知識便不可能是全知，而僅是從自我爲中心的「成心」所得到的小知。因此，莊子認爲以感官得到的經驗知識爲不眞。

且夫失性有五：一曰五色亂色，使目不明；二曰五聲亂耳，使耳不聰；三曰五臭薰鼻，困惾中顙；四曰五味濁口，使口厲爽；五曰趣舍滑心，使性飛揚。此五者，皆生之害也。（天地篇，頁四五三）

然而感官活動是無法排斥，也不需要排斥的，只是我們必須警悟，在感官活動當中，因滲入主觀地趣舍的「成心」而無法得到眞實的知。接着我們可以問，如此的「成心」是如何形成的呢？

與物相刃相靡，其行盡如馳，而莫之能止，不亦悲乎！終身役役而不見其成功，苶然疲役而不知其所歸，可不哀邪！人謂之不死，奚益！其形化，其心與之然，可不謂大哀乎？（齊物論篇，頁五六）

人以透過感官而得的對象知識爲眞，因此越來越接受外物的引誘而變成「成心」。換言之，「成心」之產生乃由於形軀與外物的相接，藉感性之執而攝取外物而逐漸形成。而在時間與空間中流變無定的「物」也逐漸被固定化、分別化；這都是由於「成心」的執著性而產生的。所以「成心」可以說具有二重性格，就知識論性格而言爲認知我，就心理學性格而言則爲心理學意義的虛構我。這兩種「我」各有其分際，然可總名之曰「成心」。（註二五）如果分別地說：同一識心，如果它自持其自己而爲邏輯的思，它就是認知我；如果它爲外物所影響而拉成一串心象，則它就是心理學意義的虛構我。（註二六）如此，「成心」有情識活動與認知活動。如果人受這種主觀的情識或認知活動所控制的話，就發生「成心」的機巧。

有機械者必有機事，有機事者必有機心。機心存於胸中，則純白不備；純白不備，則神生不定；神生不定者，道之所不載也。（天地篇，頁四三三）

莊子所視爲可與性相違之心知，則初爲一認識上向外尋求逐取，而思慮預謀之心知。在此心知中，人由知此而可致彼，是爲故智；欲利用爲手段，以得彼，是爲機心。故莊子以用機械取水，爲機事而引起機心者。至於人之順過去之所習，期必未來如今日之所料，亦爲「成心」。（註二七）這也是狹義的「成心」。如果就廣義的「成心」而言，則泛指造化所成的人心而包括情識活動與認知活動。

未成乎心而有是非，是今日適越而昔至也。（齊物論篇，頁五六）

先必有「成心」而後才有「是非」。然而「是非」是先有「物」之分別而後才有的。所以可以說「成心」就有「物」之分別能力。這就是指著「成心」之認知活動。

夫道未始有封，言未始有常，爲是而有畛，請言其畛：有左，有右，有倫，有義，有分，有辯，有競，有爭，此之謂八德。（齊物論篇，頁八三）

「八德」卽指明「成心」之分別能力，而且「成心」之分別能力可分爲兩種層次。

古之人，其知有所至矣，惡乎至？有以爲未始有物者，至矣，盡矣，不可以加矣。其次以爲有物矣，而未始有封也。其次以爲有封焉，而未始有是非也。是非之彰也，道之所以虧也，道之所以虧，愛之所以成。（齊物論篇，頁七四）

若深入地分析這段文章的話，可以發現四個不同層次：

第一：以爲未始有物的層次。

第二：以爲有物的層次。

第三：以爲有物、有封的層次。

第四：以爲有物、有封、有是非的層次。

在此，吾人認爲「以爲有物」的第二個層次以下皆指明主客對立的「小知」。因此可以說「物」爲「小知」之認識對象，「成心」爲「小知」之認識主體，因而自「以爲有物」的層次開始已有「自我」和「物」之間的分別，而在第三和第四層次則有了「物」與「物」之間的分別。所以「成心」之分別能力至少包含：㈠「自我」和「物」之分別能力，㈡「物」與「物」之間的分別能力。

非彼无我，非我无所取。（齊物論篇，頁五五）

這明顯的認定，「我」與「非我」（彼）的相對性。沒有在我以外之「彼」（非我），「我」這一個概念也就不可能成立；沒有「我」，則「非我」的「彼」這概念也同樣不能存在。（註二八）然從「以爲有物」的認識主體的分別性一旦衍生出來「我」與「非我」之分別，那麼就有無窮無盡的分別過程。如果以「此」爲「我」，以「彼」爲「非我」的話，分別的過程可表示如下：（註二九）

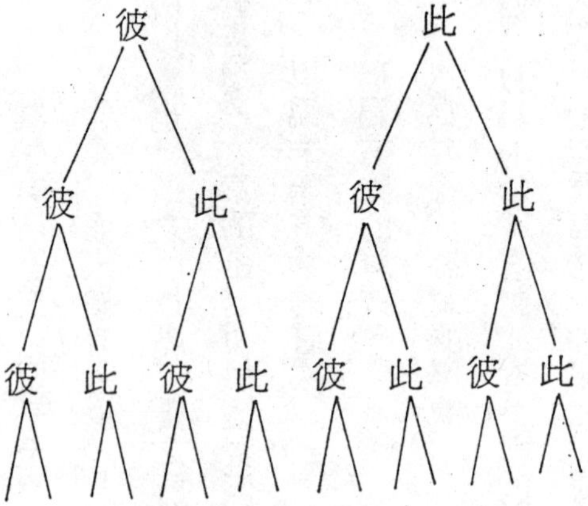

由「以爲有物」衍生出「我」與「非我」之「物」的分別，接着馬上就會產生「彼」、「此」相分別之「物」之間的分別。

物无非彼，物无非是，自彼則不見，自知則知之。故曰彼出於是，是亦因彼。彼是方生之說也，雖然，方生方死，方死方生；方可方不可，方不可方可；因是因非，因非因是。是以聖人不由，而照之於天，亦因是也。是亦彼也；彼亦是也。彼亦一是非，此亦一是非。果且有彼是乎哉？果且无彼是乎哉？彼是莫得其偶，謂之道樞。樞始得其環中，以應无窮，是亦一无窮，非亦一无窮。故曰莫若以明。（齊物論篇，頁六六）

「物無非彼，物无非是」指明「彼」、「是」之相對性。「彼」、「是」之分別就從「以爲有物」、「以爲有封」的認識主體的分別性而出來的。然「彼」之成立是必須依待「是」之成立，如果沒有「是」的話，「彼」也不能成立。反過來說，「是」之成立也是必須依待「彼」之成立，如果沒有「彼」的話，「是」也不能成立。

而且一有「彼」與「是」之分別，就出現「自彼則不見，自是則知之」（註三〇）的封閉性。就是說，「彼」，是「那方面」，「是」，是「這方面」；凡物有「那方面」，即有「這方面」。如果從「那方面」的觀點去觀察，則所見無非是「那方面」；如從「這方面」去觀察，則所見無非是「這方面」。見了那面，則不見這面；自己知道的一面，總認爲是眞的一面。故說：「那方面」是出於「這方面」，「這方面」亦由於「那方面」。（註三一）如此因有認識主體的封閉性而產生比較觀念與價值判斷的相對性。

故有儒墨之是非，以是其所非而非其所是。（齊物論篇，頁六三）

天下莫大於秋毫之末，而大山爲小；莫壽於殤子，而彭祖爲夭。（齊物論篇，頁七九）

在莊子看來，「大」、「小」和「壽」、「夭」也都是比較的和相對的。如此「長」、「短」，「美」、「惡」，「高」、「下」，「前」、「後」，「禍」、「福」，「善」、「不善」皆是相對的，而不是絕對的。這些都是依時間與空間的「條件」（Condition）來決定的，要看以那一種道理做「標準」（Standard）方可決定。（註三二）而且如此的相對判斷也隨著分別過程而有無窮無盡的過程。

萬物皆在流變當中，因此「小知」的認識對象「物」是沒有固定的。

夫知有所待而後當，其所待者特未定也。（大宗師篇，頁二二五）

如此，「小知」的認識對象「物」是沒有固定的，而是有其存在中所經歷的各種變化。然此變化也因不同的觀點而有相對性。「方生方死，方死方生；方可方不可，方不可方可，因是因非，因非因是。」就指明從「動」的觀點看的話，因不同的觀點而有相對性。就是說，萬物在「生」的過程，同時又是「死」的過程。（註三三）從「生」的觀點看，萬物皆是「生」

的過程，從「死」的觀點看，萬物皆是「死」的過程。如此，因不同的觀點而有「生」、「死」的相對性，也有「可」、「不可」，「是」、「非」之相對性。進一步說，由於無物不變，且所依賴的時空條件也不斷在變化，所以知識也隨之變化。

蘧伯玉行年六十而六十化；未嘗不始於是之而卒詘之以非也，未知今之所謂是之非五十九非也。（則陽篇，頁九〇五）

由此可知，萬物是變化無窮的，是沒有固定的。所以依此而建立知識，所得到的知識也是相對而無定的。

其次，推理的知是透過概念活動而成的。概念活動是把無定的事物，以語言來固定化的活動，因此，語言活動當中必須滲入語言者的主觀意識。而且語言活動只限於「六合」之內。由此透過概念活動而得到的推理的知識也有它的限制性，而引起推理的知之不全性。

經驗的知也好，推理的知也好，皆是主客對立的「小知」，因而有使人陷溺於外物的追逐，而不返歸其本性的可能性。在此地，爲了確切地說明「去小知」的意義，我們可借老子的一句話來闡明：

爲學日益，爲道日損。（老子，第四十八章）

「爲學」是向外尋求逐取的，所以一天多似一天，每天皆有所增益。此將陷於無窮的追逐而無止境。然「小知」的認識主體是有限的生命，因而向外尋求逐取而得到的成果，只不過是小小的成就而已，由此隨著得到的「小知」也是不全的知。知此「小知」之限制與不全，而「去小知」、而毋陷溺於爭逐外物的危殆，才有可能進一步知「道」而「大知明」。

> 昭文之鼓琴也，師曠之枝策也，惠子之據梧也，三子之知幾乎，皆其盛者也，故載之末年。唯其好之也，以異於彼，其好之也，欲以明之。彼非所明而明之，故以堅白之昧終。而其子又以文之綸終，終身无成。（齊物論篇，頁七五）

由此可知，向外尋求逐取的「有知」活動，只是「終身役役而不見成功」而已。尤其「有知」活動當中，滲入「有欲」活動更使「小知」變成智巧，甚者將使「小知」變成一種工具，一種凶器。

> 故天下每每大亂，罪在於好知。（胠篋篇，頁三五九）

因此，底下將繼續考察「有欲」活動。

三、有欲活動

上面所探討的「有名活動」和「有知活動」，都屬於一種解釋「物」的活動。因此，兩個活動可以合稱「認知活動」，並且通過認知活動所得到的觀念、思想以及理論即構成了所謂的「觀念世界」。我們也就把「觀念世界」與以有形之物構成的「有形世界」合稱爲「物之世界」。「有欲活動」就指著處於實際狀態的人與「物之世界」的關係當中，處於實際狀態的人追逐「物」（有形之物加上觀念物）的活動。「有欲」可以說是追逐「物」的動力。

因此，吾人先探討莊子對「有欲」的解說。

莊子論及「有欲」時，用辭並不限於「欲」字，而常以「好」、「惡」兩個字來表達此義。

> 惡欲喜怒哀樂六者，累德也。（庚桑楚篇，頁八一〇）

「惡欲」兩個字顯然是相對的，「欲」字可解釋爲「愛欲」，也就是「愛好」。（註三四）

在莊子他處，「惡」字也經常是與「好」字連在一起而成爲一相對的概念。

> 君將盈耆欲，長好惡，則性命之情病矣；君將黜耆欲，擊好惡，則耳目病矣。（徐无鬼篇，頁八一八）

在這一段中，「好惡」與「耆欲」是相近的，「好惡」似乎是「耆欲」的具體表現。「耆欲」顯現在人的種種愛好上。雖然嚴格說來，厭惡不屬於吾人平常所謂的「有欲」，但是厭惡可算是愛好的另一面，所以「惡」字也可以包括在引起追逐外物的動力當中。「好惡」是表示人行爲之決定根據奠立於享樂的追求（好）與痛苦的逃避（惡）上。這二者不是絕對分開的，而是時常融爲一體的，亦卽吾人平常所謂的「有欲」。如果深入分析某種「有欲」，就會發覺，任何「有欲」除了有動力促使人往某一目的之外，同時還有一種迫使人逃避這個目的之否定動力。通常「有欲」的負面動力不大明顯，但是，當主體追求的目的達不到時，人的心理馬上會感到恐懼與憂慮。

夫天下之所尊者，富貴壽善也；所樂者，身安厚味美服好色音聲也；所下者，貧賤夭惡也；所苦者，身不得安逸，口不得厚味，形不得美服，目不得好色，耳不得音聲；若不得者，則大憂以懼。（至樂篇，頁六〇九）

除此以外，當人壓制「有欲」的時候也同樣會發生此種「大憂以懼」的感覺。這種恐懼並不限於此，吾人還可在其他「有欲」活動中發現此種恐懼。一旦人所追求的目的在其心中愈有價値，所懷的恐懼也就愈大。

以互注者巧，以鉤注者憚，以黃金注者殙。其巧一也，而有所矜，則重外也。凡外重者內拙。（達生篇，頁六四二）

「有所矜」是表示「有欲」追求的一面；而「憚」、「殙」則是代表「有欲」的反面——人怕得不到所希求的對象。莊子經常以「惡」字來廣泛地包括「有欲」中負面的恐懼與憂愁。

悲樂者，德之邪；喜怒者，道之過；好惡者，德之失。故心不憂樂，德之至也。（刻

意篇，頁五四二）

「憂樂」與「好惡」當是相等的，均指著有損「德」的情欲。由此可知，「惡」可以與「悲」、「憂」、「恐」等字通用。「好惡」之情連起來就成爲「有欲」的別稱，並可代表「有欲」的正面和負面。如此，「有欲」活動可包括心理學所說的情識活動。

「有欲」是指那種爲了自我的幸福而促使人去追逐某一個對象的動力。所追求的對象是外在於主體，並非主體原來所具有的物，故主體本是懷著一種不足的心理去追求某物。由於此物在被獲得之後方附加於主體本性之上，因而並不屬於主體的本性自身。處於實際狀態的人皆以爲必須獲得許多物，生命才有保障。如此，人想獲得某一物就是要佔有此物，把它據爲己有。處於實際狀態的人皆以爲獲得與佔有「物」才可完成自我。但是，就莊子而言，自我之以爲其可佔有「物」實是一幻覺。畢竟，連自我的生命都非其所有，更何況外物。

舜問乎丞曰：「道可得而有乎？」曰：「汝身非汝有也，汝何得有夫道？」舜曰：「吾身非吾有也，孰有之哉？」曰：「是天地之委形也；生非汝有，是天地之委和也；性命非汝有，是天地之委順也；孫子非汝有，是天地之委蛻也。故行不知所往，處不知所持，食不知所味。天地之强陽氣也，又胡可得而有邪！」（知北遊篇，頁七三九）

「身」、「生」、「性命」、「孫子」都不是自我所能佔有的，所以，佔有的企圖是枉然的人無法佔有任何物，所謂「佔有」只是自我心中的錯覺，誤以爲某一物能變爲己有。由此可知，自我忽略了物的本質。自我懷著佔有的「成心」，就予某個對象一固定的價值。但是，如此，人就忽視了物的流變與相對性。因此，就莊子而言，人獲得某個對象，只是「小成」而已。

道惡乎隱而有眞僞？言惡乎隱而有是非？道惡乎往而不存？言惡乎存而不可？道隱於小成，言隱於榮華。（齊物論篇，頁六三）

上文指出過「物」是有限的、相對的。「相對」的意思是指物本身沒有一固定的價值，其價值是因主觀的立場而定。但是處於實際狀態的人因具有自我爲中心的「成心」，往往就給予所追逐的物一絕對的價值。而「絕對的價值」就意謂：主體的行爲受所追逐之物所左右。因此，在莊子看來追逐而得到某個對象，只是小小的成就而已。對某個「物」，不能給予絕對的價值，不只是有形之物如此，道德規範（仁義禮樂）的德目也沒有絕對的價值。這就是說，道德規範的德目不能成爲行爲的絕對準則，否則將成爲人心裡累積的負擔，因爲，即使如「仁義」的德目，也只不過是一種愛欲的表現。郭注：

仁者，兼愛之迹；義者，成物之功。愛之非仁，仁迹行焉；成之非義，義功見焉。存夫仁義，不足以知愛利之由無心，故忘之可也。但忘功迹，故猶未玄達也。（大宗師

篇，頁二八三）

「仁義」是道德規範的「德目」而變成外在化、形式化。因此，雖然因著這些德目始能維持人文世界之秩序的和諧，但是這些固定化的德目已變成觀念物，所以不能給予所追逐的德目一絕對的價值。

自我觀之，仁義之端，是非之塗，樊然殽亂，吾惡能知其辯！（齊物論篇，頁九三）

夫孝悌仁義，忠信貞廉，此皆自勉以役其德者也，不足多也。（天運篇，頁四九九）

如此，固定化的德目是相對的，因而道德判斷也是相對的。不但道德判斷是相對的，以「利」和「害」、「有用」和「無用」來做判斷的功利判斷也是相對的。

惠子謂莊子曰：「魏王貽我大瓠之種，我樹之成而實五石，以盛水漿，其堅不能自舉也。剖之以爲瓢，則瓠落無所容，非不呺然大也，吾爲其無用而掊之。」莊子曰：「……今子有五石之瓠，何不慮以爲大樽而浮乎江湖，而憂其瓠落無所容？則夫子猶有蓬之心也夫！」（逍遙遊篇，頁三六）

給予某個物一價值的功利判斷是相對的，因時空條件之變化，物的價值也會隨之改變。如此，追逐某個物，不能得到絕對的價值，只能成爲負累的「小成」。同樣，以「美」和「醜」來判斷的審美判斷也是相對的。

猨猵狙以爲雌，麋與鹿交，鰌與魚游。毛嬙麗姬，人之所美也；魚見之深入，鳥見之高飛，麋鹿見之決驟。四者孰知天下之正色哉？（齊物論篇論，頁九三）

如此，追求「善」、「有用」、「美」之物的「有欲」活動，均無法得到絕對的價值。所以處於實際狀態的人以爲其獲得與佔有某一物，實際上，此物僅僅爲人心裏累積的負擔而已。莊子常用「累」字表示此義。

知足者不以利自累。（讓王篇，頁九七八）

眞正的「足」非來自人所追求的物，物僅爲主體心中的累贅與約束。

楊墨乃始離跂自以爲得，非吾所謂得也。夫得者困，可以爲得乎？則鳩鴞之在於籠也，亦可以爲得矣。且夫趣舍聲色以柴其內，皮弁鷸冠搢笏紳修以約其外，內支盈於柴柵，外重纆繳，睆睆然在纆繳之中而自以爲得，則是罪人交臂歷指而虎豹在於囊檻，亦可以爲得矣。（天地篇，頁四五三）

處於實際狀態的人所謂「得」，事實上是心之「困」、「塞」（柴）、「繳」。所得的物因成爲「累」而約束人，結果人因追逐外物而喪失其性。（註三五）

「有欲」活動是指處於實際狀態的人之求得物，佔有物的行爲，「求得」、「佔有」大致上是以「愛好」爲最明顯的動力。但是，除此以外，「有欲」活動還有一負面，可用「惡」

字來表示之。誠如上面所述，「惡」字除了含有厭惡的意思之外，亦可包含憂慮和恐懼的意思。雖然「有欲」活動看似一種純然出自愛好的衝動，但是，其亦有憂慮恐懼的「惡」的一面。當吾人決定壓制某種「有欲」活動時，就可發覺，心裡馬上會產生恐懼感。吾人怕的是什麼呢？最簡單的答案是：人怕得不到其所追求的對象，內心裡也怕得不到滿足。就是說，當某一「有欲」活動得不到所求之對象時，結果至多是缺少此物或彼物。然而，自我為中心的「成心」裡，此缺乏就會被視為一種對自我幸福某一程度的否定。自我幸福當中，最基本的就是自我的存在，就是說，「形軀」的保存。形軀因存在於有形世界裡，所以必有其毀滅的一天。由於其存在沒有保障，處於實際狀態的人就一直懷著不安的心情。而此不安全感就顯露於人的各種「有欲」活動當中。無論人所追逐的是名利或是知識，都出自一種不安的心態。

其寐也魂交，其覺也形開，與接為搆，日以心鬬。縵者、窖者、密者。小恐惴惴，大恐縵縵。（齊物論篇，頁五一）

雖然這一段是指辯者，但是憂苦畏懼之心人人皆有。處於實際狀態的人因有此不安之心，便設下種種方法來控制生命的各方面。所以，人之追逐外物，除了懷有佔有物的意圖之外，還具有支配物的心機。這種心機顯現了人的不安全感與恐懼感。

總之，處於實際狀態的人有「好惡」之情，因而發生「有欲」活動。結果，佔有物、支配物的行爲「終身役役而不見其成功」，只能成爲人心裡累積的負擔。

一受其成形，不忘以待盡。與物相刃相靡，其行盡如馳，而莫之能止，不亦悲乎！終身役役而不見其成功，苶然疲役而不知其所歸，可不哀邪！人謂之不死，奚益！其形化，其心與之然，可不謂大哀乎？（齊物論篇，頁五六）

所以，莊子爲了除去好惡之情而引起的有欲活動，就提出「无情」。

吾所謂无情者，言人之不以好惡內傷其身，常因自然而不益生也。（德充符篇，頁二二一）

透過「无情」而達到「無欲」活動。這就是自然活動，也是「天道」。

綜上所述，處於實際狀態的人存在及活動的世界爲「物之世界」，「物之世界」可分爲㈠處於實際狀態的人認爲具有客觀性的「有形世界」，㈡處於實際狀態的人有所作爲的「有爲世界」。「有形世界」的有形之物具有限性、分別性、待變性，因此，莊子認爲「有形世界」是有限的、相對的、不完美的世界。然處於實際狀態的人却認爲「有形世界」爲眞，因而通過「有名」活動把流變無定的有形之物固定化、分別化而得到觀念物，然後再經由「有知」活動解釋「物之世界」。但是莊子認爲「有知」活動也是有限的、相對的、不完美的，因而經由「有知」活動而得到的知識也是有限的、相對的、不完美的「小知」。這是在「有名」、「有知」活動當中滲入「自我」爲中心的「成心」之故。如此，以有形之物構成的「有形世界」，和經由「有名」、「有知」活動而得到的「名」、思想以及理論構成的「觀念世界」，二者所合成的「物之世界」也是有限的、相對的、不完美的世界。然處於實際狀態的人卻執「物之世界」爲眞而追逐「物」（有形之物加上「名」、思想以及理論）。這就是「有欲」活動。追逐「物」的「有欲」是指好惡之情，而以佔有「物」、支配「物」爲目的。由此可知，解釋「物之世界」的「有名」、「有知」活動也是以佔有「物」、支配「物」爲目的。此佔有、支配的行爲，在老莊的思想中，則不外乎其常論的「爲」或「有爲」。老子說：

爲者敗之，執者失之。（老子，第二十九章）

「爲」卽同於「有爲」。「執者」是指把持天下的人。此「執」字就含有佔有與控制的意義。王弼說：

萬物以自然爲性。故可因而不可爲。可通而不可執也。物有常性，而造爲之，故必敗也。物有往來，而執之，故必失矣。（註三六）

「有爲」是佔有「物」、控制「物」的行爲。處於實際狀態的人有佔有、控制的心機就會忽視「物有往來」（物之變化），而期望將物固定爲一己所有。這樣逆著物的自然，結果就會喪失物的常性及主體的本性。這也就是「敗之」、「失之」的意思。處於問題狀態的人之佔有、控制「物」的心機就是「自我」爲中心的「成心」。「成心」的有所作爲就是莊子所謂的「人道」。

何謂道？有天道，有人道。无爲而尊者，天道也；有爲而累者，人道也。主者，天道也；臣者，人道也。天道之與人道也，相去遠矣，不可不察也。（在宥篇，頁四〇一）

佔有「物」、控制「物」的「有爲」活動，因此干涉了物的自然，結果，主體乃爲物所累。當人完全被物所累時，主體的本性就會隨之而被隱沒，也因此喪失了其性。這悲哀的情況無非就是莊子所謂的「心死」。

如此可知，莊子爲了解決存在於「有形世界」而受時空所限制的處於實際狀態的人之「生死」問題，爲了解決「與物相刃相靡」而引起的處於實際狀態的人之「心死」問題，遂提出「無爲」、「無形」的「道之世界」。

【附註】

註一　參見林鎭國，莊子轉俗成眞之理論結構（師範大學國文研究所集刊，第二十二號），頁四一六。

註　二　李震，中外形上學比較研究（上冊）（中央文物供應社，七一年），頁二六九。

註　三　參見赤塚忠，道家思想之本質〔宇野精一主編，中國思想之研究，（二）道家與道教思想〕（幼獅文化公司，六八年、再版），頁二五。

註　四　王先謙，莊子集解（三民書局，六三年），頁一四三。

註　五　王邦維，中國哲學論集（學生書局，七二年），頁七九。

註　六　有形之物的待變性是指著有形之物的依待而變化的因果關係。

註　七　林希逸，南華眞經口義，（「莊子集成初編」八冊）（藝文印書館，六一年），頁七九七。

註　八　參見嚴靈峯，老列莊三子研究文集（「經子叢著」第九冊）（國立編譯館，七二年）頁五一六，「莊子認爲，世間一切，都是相對的；只有『道』是絕對。因此，他要統一一切相對，只有歸於『道』；要「道通爲一」了。）

註　九　羅光，中國哲學史先泰篇（學生書局，七一年、重版），頁四九九。

註一〇　同註一，頁四一八，「就萬物而言曰成毀，剋就人而言則曰生死，實則可通謂之生滅。」

註一一　嚴靈峯，老莊研究（中華書局，六八年、二版），頁一二。

註一二　牟宗三，才性與玄理（學生書局，六七年、台再版），頁一八一。

註一三　鄔昆如，道德經「歸」概念研究（世界中國哲學會議論文，東海大學，七三年），頁三。「……一方面是在形上學的奠立中，指出道體的『無』本體，它方面在實踐哲學體系中，突現出道用的『無爲』旨趣。以個人及執政者的『無爲』（無知、無欲、無名），來讓『道』的『無爲而無不爲』（第四十八章），來完成天下萬物，由於道的運作，而回歸道的行動。」吾人引伸此義，把有爲活動分成說明有名、有知、有欲活動。

註一四　勞思光，中國哲學史（一）（三民書局，七十年），頁二一八。

註一五　依一般語意學（semantics）的討論，此地的水是指對象語言（object-language）的實物，而「水」則爲後設語言（meta-language）的稱名（name）。稱名卽是透過語言的概念作用，而將表達的實物固定化。

註一六　蔣錫昌撰，莊子哲學（莊子集成初篇二七）（藝文印書館，五四年），頁一二九。

註一七　王煜，老莊思想論集（聯經出版公司，六八年），頁二九二。

註一八　「自三代以下者，天下莫不以物易其性矣。小人則以身殉利，士則以身殉名，……故此數子者，事業不同，名聲異號，其於傷性以身爲殉，一也。」（駢拇篇，頁三二三）。

註一九　趙雅博，知識論（幼獅文化公司，六八年，頁七一。

註二〇　參見同註八，頁五二七～八。

註二一　引見錢穆，莊子纂箋（三民書局，六七年再版），頁一九三。

註二二　陳鼓應，莊子認識論系統的特色（中國哲學思想論集先秦篇）（牧童出版社，六八年三版），頁二六四。

註二三　同註一七，頁一四六。

註二四　同註八，頁六五二。

註二五　同註一，頁四三四。

註二六　牟宗三，現象與物自身（學生書局，六五年、再版），頁一六一。

註二七　唐君毅，中國哲學原論、原性篇（學生書局，六八年、四版），頁三八。

註二八　參見同註一一，頁二五。

註二九　參見同註一七，頁一七五。

註三〇　同註一一，頁二六九。

註三一　參見同註一一，頁二六九。

註三二　同註一一，頁二五～六。

註三三　同註一一，頁二七。

註三四　成玄英疏，庚桑楚篇，頁八一一，「憎惡、愛欲、欣喜、恚怒、悲哀、歡樂，六者德之患累也。」

註三五　參見同註一八。

註三六　王弼注，老子（中華書局，六六年、台七版），頁一六～七。

第三章　「道之世界」的展現

莊子提出來的「道」不是憑空製造的，而是經過他的生活環境以及生命意義的反省，就是對處於實際狀態的人與「物之世界」的反省而提出來的。因此莊子展現出來的「道之世界」是莊子心目中最完整的世界。並且莊子認爲「道之世界」爲處於理想狀態的人存在及活動的世界。底下將把「道之世界」分從「無形世界」和「無爲世界」兩個角度，來顯露其特性。（註一）

第一節　「無形世界」的展現

處於理想狀態的人存在的世界爲「無形世界」。莊子把「有情而無形」的世界認爲是最眞實存有的世界。因此，我們在此先提出「道」的基本狀態與特徵，以考察莊子心目中的理想世界。「道」的基本狀態可用下列三點來說明：（一）道的無限性；（二）道的整體性；

(三)道的自存性。

有形之物受時空的限制而存在及活動於一時空世界裡。就是說，有形之物是有限的存在。處於實際狀態的人是有限的存在，他不可能長生不老，必有「死亡」的一天。處於實際狀態的人之「成心」經由「有爲」活動而追逐有形之物或觀念物，然他得到的皆是有限的東西或相對性的原理。（註二）因此莊子提出「道」之無限與絕對。

一、道的無限性

夫道，有情有信，无爲无形，……自本自根，未有天地，自古以固存；……在太極之先而不爲高，在六極之下而不爲深，先天地生而不爲久，長於上古而不爲老。（大宗師篇，頁二四六）

此地所說的「天地」就是代表萬物，是代表有形宇宙。「太極」、「六極」就是與「六合」一樣指明空間之義。因此，此地所說的「天地」、「太極」與「六極」都是指著時空的世界。然「道」是未有天地之前，已經存在，因而不能受時間的限制，就是不能限定於「始」與「終」。

道无終始，物有死生。（秋水篇，頁五八四）

「物」是存在於有形宇宙，因而受時間的限制而有生死。但是，「道」是超越了以時間來限定的範圍，因而是沒有「始」，沒有「終」的無限永久的東西。並且「道」是在「太極」之先，「六極」之下也存在的。因而不能受空間的限制。

東郭子問於莊子曰：「所謂道，惡乎在？」

莊子曰：「无所不在。」（知北遊篇，頁七四九）

夫道，於大不終，於小不遺，故萬物備。廣廣乎其无不容也，淵乎其不可測也。（天道篇，頁四八六）

「无所不在」就指明「道」是不能以空間來限定的。並且「道」是至大無外、至小無內的東西，就是說，不可能以大小來衡量的東西。如此，「道」是超越了以空間來限定的範圍，因而是「无所不在」的無限無窮的東西。

以上可知，「道」是超越了以時空來限定的範圍。因此，莊子認爲「道」就是無限地永久、無窮的東西。

狶韋氏得之，以挈天地；伏戲氏得之，以襲氣母；維斗得之，終古不忒；日月得之，終古不息；堪坏得之，以襲崑崙；馮夷得之，以遊大川；肩吾得之，以處大山；黃帝得之，以登雲天；顓頊得之，以處玄宮；禺强得之，立乎北極；西王母得之，坐乎少廣，莫知其始，莫知其終；彭祖得之，上及有虞，下及五伯；傅說得之，以相武丁，奄有天下，乘東維，騎箕尾，而北於列星。（大宗師篇，頁二四七）

「道」不是處於實際狀態的人所面對的有形宇宙的任何一個東西，而是超乎有形宇宙的無限、無窮的東西。

出无本，入无竅。有實而无乎處，有長而无乎本剽，有所出而无竅者有實。有實而无乎處者，宇也。有長而无本剽者，宙也。有乎生，有乎死，有乎出，有乎入，入出而无見其形，是謂天門。天門者，无有也，萬物出乎无有。有不能以有爲有，必出乎无有，而无有一无有。聖人藏乎是。（庚桑楚篇，頁八〇〇）

「有出有入」、「有實有長」指明宇宙的現象，這是吾人經驗上所能認識覺察的一切。「實」和「長」指明宇宙的具體內容，就是吾人通常所界定的時空。人的生活和思想卽以「有實」的有限空間和「有長」的有限時間爲最切近的根據。因此要是以有限的宇宙現象爲絕對，以宇宙現象中的任何一有形之物爲絕對，那麼此宇宙現象就成爲迷惑的對象而發生「與物相刃相靡」的緊張關係。莊子不止於此一有限的有形世界而繼續追求宇宙的眞象，至於「無本無竅」、「無處無本剽」，呈現的是無端無涯，無始無物的無限世界。「無本無處」指明無端無涯的空間，「無竅無本剽」指明無始無終的時間。

六合之外，聖人存而不論；六合之內，聖人論而不議。（齊物論篇，頁八三）

予少而自遊於六合之內，予適有瞀病……予又且復遊於六合之外。（徐无鬼篇，頁八三二）

予方將與造物者爲人，厭，則又乘夫莽眇之鳥，以出六極之外，而遊无何有之鄉，以處壙埌之野。（應帝王篇，頁二九三）

由此可知，六合、六極「之外」係指明無形的宇宙。因而可以說，「有」代表有限、有形，「無」代表無限、無形。而且「天門」指明顯現宇宙的開端，然此開端不是時空上的任何一個分界。就是說，「天門」和老子所說「衆妙之門」，意義相同。天，爲自然，死生出入，都由「無有」而來，「無有」乃稱爲一切天然的門戶。「有」爲具體有形的實體，這個實體不能以另一個相同的實體爲根由，應該由沒有形的實體而來。這沒有形的實體爲「无有」，並且「无」是形容無形名的「道」的個狀辭，「无有」就是「道」。（註三）

道不可有，有不可无。（則陽篇，頁九一七）

「道」沒有形，因此不可說成有形實體的「有」。然而「道」決不是空無，因爲「道」雖然沒有形，但是它究竟是萬有的本體，因而不可說成是與「有」相對立的空無。如此莊子爲了避免「有」與「無」的相對立而以「无有」來形容「道」。如此，絕對無限的「道」可以展現無限、無形的「宇宙」。

有始也者，有未始有始也者，有未始有夫未始有始也者。有有也者，有无也者，有未始有无也者，有未始有夫未始有无也者。俄而有无矣，而未知有无之果孰有孰无也。

（齊物論篇，頁七九）

在此莊子打破宇宙有始的看法，他層層追究，從「有始」到「未始有始」，再到「未始有夫未始有始」；從「有」到「无」，又從「无」到「未始有无」，再到「未始有夫未始有无」，這一推論本可一直延伸下去，無窮無盡，永遠找不到終點；然而，莊子則在思想上即時煞住這一推論，而認爲如此追究宇宙有始無始的思考是沒有意義的，因此他說「未知有无之果孰有孰无也」。莊子不僅拋棄以思考推究宇宙有始無始的方式，且因此轉向，尋求眞正解決的方法，他乃超越思慮層面，而從無可思慮的「道」，安置下「宇宙無始」的結論。這一「宇宙無始」已不和「宇宙有始」相對立，因它已超越思考推究的層面。只有在思考推究層面，才有無始和有始的針鋒相對，而在超越思慮的「道」之觀點上，根本無所謂「無始有始」。在此，我們說宇宙無始無終，旨在打消「有始有終」的謬誤思慮，而不在對「無始無終」者做任何思考推究性的把握。既不做思考推究性的把握，那麼，「无始无終」之「无」就是莊子所謂「无有一无有」，再不能對它做任何語言上的詮解了。並且「聖人藏乎是」一段中可知「道」

不是脫離有形宇宙而存在的，而是內在於有形宇宙而存在的。

以上可知，莊子爲了超乎有限有形的「物之世界」，乃展現無始無終、無窮無盡的無限無形的「道之世界」。

二、道之整體性

「有形世界」的有形之物，因有形色而有分別對立性。由於分別對立性而發生有形之物之間的相對性。因此莊子爲了消除有形之物的分別對立而引起的相對性，遂提出了「道」的整體性。

故爲是舉莛與楹，厲與西施，恢恑憰怪，道通爲一。其分也，成也；其成也，毀也。凡物无成與毀，復通爲一。唯達者知通爲一，爲是不用而寓諸庸。庸也者，用也；用也者，通也；通也者，得也；適得而幾矣。因是已，已而不知其然，謂之道。（齊物論篇，頁六九—七〇）

「莛與楹」的相對，「厲與西施」的相對，若是從「道」的觀點上看，並沒有什麼分別對立性。它們的相對性是在一時空的限制之下發生分別對立而引起的相對性。然而，若破除時空的限制，而把一切事物通體來看就沒有完成和毀壞，都復歸於一個整體，這就是唯達者才能了解的「道」之整體性。

處於實際狀態的人只能停留於「物之世界」，因此他的觀點是「以物觀之」的立場，所見者是有形之物的分別差異。然處於理想狀態的人是「以道觀之」的立場，他能看出萬物的無分別之共同性。

自其異者視之，肝膽楚越也；自其同者視之，萬物皆一也。（德充符篇，頁一九〇）

「萬物皆一也」就指明從萬物的共同性觀點看，萬物就是一個整體。

天地一指也，萬物一馬也。（齊物論篇，頁六六）

「一指」、「一馬」是用以代表天地萬物同質的共通概念。就是說，從相同的觀點來看，天地萬物都有它們的共同性。此地所說的共同性「一」，雖然是認識論之「一」，不過，萬物的共同性是因爲同出於一氣，氣爲一。（註四）

通天下一氣耳。（知北遊篇，頁七三三）

天地萬物就在於「一氣」上可通而爲一。並且就在於「一氣」上可以主客合一。

若一志，无聽之以耳而聽之以心，无聽之以心而聽之以氣！聽止於耳，心止於符。氣也者，虛而待物者也。唯道集虛。虛者，心齋也。（人間世篇，頁一四七）

氣在感官和理智之上，感官止於感覺，心（理智）止於和客體相符合，氣則虛以待物，和物直接相合，卽是人的最深部分和物的最深部份相合，或說人的本體和物的本體相結合。（註五）如此，在「一氣」上，天地萬物通而爲一，甚至於天地萬物與我通而爲一。

天地與我並生，而萬物與我爲一。（齊物論篇，頁七九）

夫道未始有封。（齊物論篇，頁八三）

由此可知，莊子爲避免物與物的對立、物與我的對立而展現物我雙遣，沒有主客對立，渾融整體的「道之世界」

三、道的自存性

所有的有形之物皆存在於變化的流變當中，因此沒有一件事物和現象不是暫時的過程，有形之物的「成毀」就是它存在的極限。並且這有形之物的變化必依賴某些條件才能發生。就是說，每個有形之物皆是有待而變化的。因此，莊子認爲處於實際狀態的人在因果關係的鎖鏈中存在及活動而不自然、不自在。所以莊子爲了破除不自然、不自在的束縛人的因果鎖鏈就提出自己存在、自己如此的「道」。

夫道……自本自根，未有天地，自古以固存。（大宗師篇，頁二四六）

「道」，是自本自根，自古以固存。就是說，自己決定自己存在而不是依賴某些條件才能產生者。並且「道」沒有「成毀」的變化，沒有存在的極限。然「固存」並不是呆板的存着，沒有一點的自化力；「道」的固存，乃是在自化中，能保全自己。（註六）就是在自化的流變中永恆不變。

見獨，而後能无古今；无古今，而後能入於不死不生。殺生者不死，生生者不生。（大宗師篇，頁二五二）

「道」是絕對獨一，它運行萬物而自己永恆不變，卽是潮水漲落，雲騰霧散，仍然都是水。所以萬物雖有成毀、生死、榮枯，也只不過是在道的大洋中的波潮起伏而已。

夫千里之遠，不足以擧其大；千仞之高，不足以極其深。禹之時十年九潦，而水弗爲加益；湯之時八年七旱，而崖不爲加損。夫不爲頃久推移，不以多少進退者，此亦東海之大樂也。（秋水篇，頁五九八）

池塘，水溝，茶杯的水雖然有枯竭的時候，但那些水只是不見了，而不是沒有了。它只是變成另一種形式，而回歸入道的大海洋裏。這就是「道」的永恆不變的意義，也是「道」的絕對獨一的整體性、不須要依賴他物的意義。

彼是莫得其偶，謂之道樞。（齊物論篇，頁六六）

如此，「道」無匹偶，因此它不能成爲別的存在的手段而有自己的目的性，不必從外面找欲求的對象而自己完備，是自足的。

夫大壑之爲物也，注焉而不滿，酌焉而不竭。（天地篇，頁四四〇）

夫大備矣，莫若天地，然奚求焉，而大備矣。知大備者，无求，无失，无棄，不以物易己也。（徐无鬼篇，頁八五二）

「道」是自存的，自己如此，自己自在，不須要依賴其他條件而可永恆不變。

第二節 「無爲世界」的展現

上節「無形世界」的展現中，我們可以了解莊子心目中以無限性的、整體性的、自存性的「道之世界」爲絕對的、眞實的世界，並且以之爲處於理想狀態的人存在及活動的世界。因而處於理想狀態的人之活動與「道」之動吻合。換言之，莊子心目中「道」之動與處於理想狀態的人之活動皆是自然無爲的活動。因此，本節中再從莊子心目中「道」與處於理想狀態的人的自然無爲活動，來呈顯其所謂「道之世界」。自然無爲活動可分爲（一）無名活動；（二）無知活動；（三）無欲活動。（註七）

以透過語言來表達的「有名」活動，只在六合之內有其可能性。因此莊子也不反對在「物之世界」中的「名」符其「實」的「有名」活動。但在六合之外的「道之世界」是不能透過語言來表達的。

一、無名活動

六合之外，聖人存而不論；六合之內，聖人論而不議。（齊物論篇，頁八三）

有名有實，是物之居，無名無實，在物之虛。可言可意，言而愈疏。（則陽篇，頁九一六～九一七）

「無爲無形」的「道」超乎用語言來限定的範圍。因爲語言的表達功能是先有所指謂的對象，然後才把它概念化而成爲「名」。然「道」不是指謂的對象，因而無法限定。因此，通過語言而表達的命題，不足以發揮「道」的眞實妙義，只是一偏的意見而已。

夫道未始有封，言未始有常，爲是而有畛也。（齊物論篇，頁八三）

夫道，……可傳而不可受，可得而不可見。（大宗師篇，頁二四六）

道不可言，言而非也，知形形之不形乎！道不當名。（知北遊篇，頁七五七）

雖然「道」是「形形者」而成爲最眞實的存有，但不能通過語言來了解「道」。並且「道」

雖是天地萬物變化的原理，但却不能通過語言來限定「道」的變化原則。因爲「道」是超乎時空的條件而沒有「過去」、「現在」、「未來」之分別，也沒有「因」與「果」的分別。

雞鳴狗吠，是人之所知；雖有大知，不能以言讀其所自化，又不能以意其所將爲。（則陽篇，頁九一六）

因果關係的闡明必須經過概念的推理而達到。然「道」本身就是「因」，也就是「果」，因此不能成立因果關係。因爲「因」與「果」在「道」上通而爲一。

唯達者知通爲一，爲是不用而寓諸庸……因是已。已而不知其然，謂之道。（齊物論篇，頁七〇）

唯達者不囿於概念的推理，不溺於自然現象變化的因果關係，只是因任於道之自然的變化。然莊子把自然現象變化的所以然稱之爲「道」。

一而不可不易者，道也。（在宥篇，頁三九八）

行於萬物者，道也。（天道篇，頁四〇四）

如此，莊子把不能以語言來表達的「道」，反而以語言來表達過。因而不能言詮的「道」也成爲一個概念。一旦有這「道」概念，那就跟「非道」相對峙，因此，莊子爲了避免語言本身具有的執著性而引起的誤解，就表示這「道」字只是個權宜的符號。

道者爲之公，因其大以號而讀之，則可也，已有之矣，乃將得比哉？則若以斯辯，譬猶狗馬；其不及遠矣！（則陽篇，頁九一三）

道之爲名，所假而行。（則陽篇，頁九一七）

如果了解「道」之「名」是假託的，那就能了解莊子所說的「道」不是經過「有名」活動而得到的一個概念，也不是跟「有名」相對峙的「無名」，而是超乎「有名」與「無名」的「無名之名」，是非言非默中體悟到的。

言而足，則終日言而盡道；言而不足，則終日言而盡物。道物之極，言默不足以載；非言非默，議有所極。（則陽篇，頁九一七）

卮言日出，和以天倪，因之以曼衍，所以窮年。不言則齊，齊與言不齊，言與齊不齊也，故曰无言，言无言，終身言，未嘗不言；終身不言，未嘗不言。（寓言篇，頁九四九）

凡是有所說有所言，落在知性之概念活動中，固是無所當，然若滯執於「無言」「忘言」，以「無言」「忘言」爲滿足，則仍是無所當。（註八）「無名」是「有名」之否定，兩者仍是對立著，因此莊子運用超乎「有名」與「無名」的「無名之名」活動表展現「道之世界」。

莊周聞其風而悅之，以謬悠之說，荒唐之言，无端崖之辭，時恣縱而不儻，不以觭見

之也。（天下篇，頁一〇九八）

如此，莊子超出日常習用的語言模式，轉而以特異的辯證詭辭來表達「道之世界」。

夫大道不稱，大辯不言，大仁不仁，大廉不嗛，大勇不忮。道昭而不道，言辯而不及，仁常而不周，廉清而不信，勇忮而不成，五者圓而幾向方矣，故知止其所不知，至矣。孰知不言之辯，不道之道？若有能知，此之謂天府。（齊物論篇，頁八三）

莊子不是用肯定的描寫方式來表達「道之世界」，而是用否定的否定，就是「正言若反」的詭辭來表達。並且「五者圓而幾向方矣」一段中即指出不能以概念來分析之「道」。不可言詮的道，只能從隱藏於內心的「天府」中來體「道」。

天地與我並生，而萬物與我爲一。既已爲一矣，且得有言乎？既已謂之一矣，且得无言乎？一與言爲二，二與一爲三。自此以往，巧曆不能得，而況其凡乎！（齊物論篇，頁七九）

如此，「道之世界」是不可言詮的，不可思議的世界，但却是最眞實的世界。此最眞實的「道之世界」不是觀念的世界，而是無爲而無不爲的世界。「道」之「無名」活動也是無爲而無不爲的活動。

二、無知活動

一般的知識論所討論的主客對立的「知」是屬從莊子所說的「小知」，因而以「自我」爲中心的「成心」爲認識主體，以有限性的、分別性的、有待而變性的「物」爲認識對象，也以通過語言而概念化的觀念物爲認識對象；並且向外尋求逐取的「有知」活動所產生的知，皆是相對性的知識。因此，莊子爲了得到絕對性的知，遂開出另外一條路。

去小知而大知明。（外物篇，頁九三四）

「大知」就是莊子心目中的絕對性的知，並且「大知」不能以有限性的、分別性的「物」爲認識對象。

古之人其知有所至矣，惡乎至？有以爲未始有物者至矣，盡矣，不可以加矣。（齊物論篇，頁七四）

「以爲未始有物」就指明主客合一的「大知」。（註九）因而「大知」不是通過「有知」活動而產生的經驗之知或推理之知。

故視而可見者，形與色也；聽而可聞者，名與聲也。悲夫，世人以形色名聲爲足以得彼之情！夫形色名聲果不足以得彼之情；則知者不言，言者不知，而世豈識之哉！（

天道篇，頁四八八～四八九）

無思無慮始知道。（知北遊篇，頁七三一）

處於實際狀態的人認爲以「形色名聲」可以得到眞實的知。然莊子認爲絕對眞實的知是對無限性的、整體性的「道」之知，並且「无爲无形」的「道」是不可感覺、不可抽象的，也是不可言詮的。

於是泰淸問乎无窮曰：「子知道乎？」

无窮曰：「吾不知。」

又問乎无爲。无爲曰：「吾知道。」

曰：「子之知道，亦有數乎？」

曰：「有。」

曰：「其數若何？」

无爲曰：「吾知道之可以貴，可以賤，可以約，可以散，此吾所以知道之數也。」

泰淸以之言也問乎无始曰：「若是，則无窮之弗知與无爲之知，孰是而孰非乎？」

无始曰：「不知深矣，知之淺矣；弗知內矣，知之外矣。」

於是泰淸中而歎曰：「弗知乃知乎！知乃不知乎！孰知不知之知？」（知北遊篇，頁

七五六～七五七）

如果有知識內容，那不是被知者本身—「道」。「大知」不須要任何知識內容，因而莊子把它稱之爲「不知之知」，也稱之爲「無知之知」。

聞以有知知者矣，未聞以无知知者也。（人間世篇，頁一五〇）

墮爾形體，吐爾聰明，倫與物忘；大同乎涬溟；解心釋神，莫然无魂。萬物云云，各復其根，各復其根而不知；渾渾沌沌，終身不離；若彼知之，乃是離之。（在宥篇，頁三九〇）

如此，主客對立的「小知」當中，不可能認識「道」，因而莊子好像是一個懷疑論者、不可知論者，然莊子不是一個懷疑論者、不可知論者，因爲從主客合一的「大知」當中可以知「道」。並且主客合一的「不知之知」、「無知之知」決不是跟「知」相對立的，反而是超乎「知」與「不知」的超越「知」，就是「無知而無不知」的「大知」。因此，「大知」的方法和一般的知識論所討論的認識方法不同。因爲莊子的「道」概念總括了「主體」、「行動」與「客體」。（註一〇）

爲道者日損，損之又損之以至於无爲，无爲而无不爲。（知北遊篇，頁七三一）

「損之又損」的方法就是消除「自我」爲中心的「成心」而達到虛靜明的「无心」。因而不作由「成心」開展的「有知」活動，就是說不必向外尋求逐取「物」，而是回歸內修而尋找隱藏於內心的「道」。這就是「以明」的方法。

聖人之所圖也，爲是不用而寓諸庸，此之謂以明。（齊物論篇，頁七五）

「爲是不用」就是不再執著於是非，成毀等相對問題。而且「寓諸庸」就是本之於用。然這個「庸」字有三個特點。

庸也者，用也；用也者，通也；通也者，得也，適得而幾也。（齊物論篇，頁七〇）

「用」就是有實用性；「通」就是普遍性，「得」就是有適中性。所以「以明」就是拿一個「庸」字作衡量，也就是以實用性、普遍性、適中性去打消這些差別現象。（註一一）。就是說，與「道」冥合而自明，那這個「明」如太陽，無所不照，無待於爝。（註一二）如此，聖人不依照外在的知識，而是由「以明」的方法得到絕對眞實的「大知」。

聖人之心靜乎！天地之鑑也，萬物之鏡也。（天道篇，頁四五七）

聖人之心中無任何執著性，因而是虛、靜、明的「无心」。沒有任何主觀而達到「无心」的境界，才能與「道」冥合。如此，與「道」冥合的處於理想狀態的人才有「眞知」。

且有眞人而後有眞知。（大宗師篇，頁二二六）

如此，處於理想狀態的人消除「成心」而達到「无心」，才能與「道」合一。因此處於理想狀態的人不能通過語言來解釋「道」，但是他的活動與「道」的變化原則一致，因而他的活動可以「無爲而無不爲」。

三、無欲活動

處於實際狀態的人爲了保存自己的身體才有追求「物」、佔有「物」、支配「物」的「有欲」活動。然因「物」具有的有限性、分別性、有待而變性等特性，使得追求「物」的「有欲」活動「終身役役而不見其成功」，只能成爲人心裡累積的負擔。因此莊子提出無限性的、整體性的、無待而變的「道」，然後從「道」的自然變化上來說明「無欲」活動。

吾師乎！吾師乎！韲萬物而不爲義，澤及萬世而不爲仁，長於上古而不爲老，覆載天地刻彫衆形而不爲巧。（大宗師篇，頁二八一）

如此，「道」爲了自己的私欲沒有做任何事，因爲它是自足、自備的。

夫大備矣，莫若天地；然奚求焉，而大備矣。知大備者，无求，无失，无棄，不以物易己也。反己而不窮，循古而不摩，大人之誠。（徐无鬼篇，頁八五二）

天地爲大備者，而沒有追求外物，所以天地不以物易己。那麼無所不包的「道」是自足的東西，因而更不要外求。而且「反己」而與「道」合一的處於理想狀態的人，也以「無欲」活動來達到「無爲而無不爲」。

古之畜天下者，无欲而天下足，无爲而萬物化，淵靜而百姓定。（天地篇，頁四〇四）

汝遊心於淡，合氣於漠，順物自然而無容私焉，而天下治矣。（應帝王篇，頁二九四）

處於理想狀態的人已經消除自我爲中心的「成心」，因此他沒有好惡之情。

「吾所謂无情者，言人之不以好惡內傷其身，常因自然而不益生也。（德充符篇，頁二二一）

處於理想狀態的人「无情」，因此他不會爲了保存自己的形軀而去做佔有物、支配物的活動。因爲處於理想狀態的人，深知連自己的生命都非其所有。

舜問乎丞曰：「道可得而有乎？」曰：「汝身非汝有也，汝何得有夫道？」舜曰：「吾身非吾有也，孰有之哉？」曰：「是天地之委形也；生非汝有，是天地之委和也；性命非汝有，是天地之委順也；孫子非汝有，是天地之委蛻也。故行不知所往，處不知所持，食不知所味。天地之强陽氣也，又胡可得而有邪！（知北遊篇，頁七三九）

如此，處於理想狀態的人因任自然而可以「无情」，他已經達到「无己」、「忘己」的地步。因此，他的行爲沒有特定目的。

古之人，在混芒之中，與一世而得澹漠焉。當是時也，陰陽和靜，鬼神不擾，四時得

節，萬物不傷，群生不夭，人雖有知，无所用之，此之謂至一。當是時也，莫之爲而常自然。（繕性篇，頁五五〇～一）

這一段在描述一純自然的狀況，此自然狀況之所以能夠實現，是由於人「莫之爲」。「莫之爲」也就是「無爲」的意思。「無爲」則是合乎自然的行爲。「莫之爲」不是「不爲」，而是「無爲而無不爲」。這是「至一」的境界中因任自然而達到的行爲。

綜上所述，處於理想狀態的人存在及活動的世界爲「道之世界」，「道之世界」可分爲（一）處於理想狀態的人存在的絕對眞實的「無形世界」，（二）處於理想狀態的人活動的絕對原理的「無爲世界」。「無形世界」是無限性的、整體性的、自存性的世界，因此，莊子認爲是最完美的世界。並且莊子指出「道之世界」爲不可言詮的、不可思議的世界，因此只能與「道」合一而因任「道」的變化原理才能達到最完美的行爲。這就是莊子認爲處於理想狀態的人之「無爲而無不爲」的活動。

【附　註】

註　一　「道之世界」是混融整體的世界，因而不可能有任何分別，吾人只爲了說明方便，把它從兩個角度來顯露而已。

註　二　參見嚴靈峯，老莊研究（中華書局，六八年、二版），頁四八。

註　三　參見羅光，中國哲學史、先秦篇（學生書局，七一年、重版），頁四九六。

註　四　同註三，頁四九九，「在『齊物論』裏，莊子也論『一』；然而『齊物論』之一，爲認識論之一，和是非爲一，萬物相等，沒有差別。不過，萬物相等是因爲同出於一氣，氣爲一，萬物乃相等；因此，『齊物論』之一雖由認識論立場而講，究其原則來自本體論之一。」

註　五　同註三，頁五〇七。

註　六　羅光，中國哲學大綱、下冊（商務印書館，五六年），頁三七。

註　七　參見鄔昆如，道德經「歸」概念研究（世界中國哲學會議論文，東海大學，七三年），頁三。

註　八　林鎮國，莊子轉俗成眞之理論結構（師範大學國文研究所彙刊，第二十二號），頁四〇八。

註　九　參見嚴靈峯，老列莊三子研究文集（「經子叢著」第九冊），頁五三〇。

註一〇　鄔昆如譯著，莊子與古希臘哲學中的道（國立編譯館出版，六五年、二版），頁七十。

註一一　吳怡，逍遙的莊子（新天地書局，六二年），頁八二。

註一二　王船山，莊子解卷二（廣文書局，六一年、再版），頁九，「明與知相似，故昧者以知爲明。明猶日也，知猶燈也。日無所不照而無待於熓。燈則或熓之或熄之，照止一室，而燭遠則昏，然而亦未嘗不自謂明也。

第四章 「道通爲一」——兩個世界的統一

處於實際狀態的人存在及活動於「物之世界」，而處於實際狀態的人存在所面對的世界即是「有形世界」。「有形世界」的有形之物，其基本狀態是有限的，是分別對立的，也是有待而變化的。因此，處於實際狀態的人覺察到自己存在的有限性以及不自在、不自然，遂希望透過「有爲」活動來追求無限和自在。然而「有爲」活動是「與物相刃相靡」的活動，如此的活動只能「終身役役而不見其成功」，無法得到無限和自在。因此莊子解決此問題，乃借處於理想狀態的人而展現「道之世界」。「道之世界」是「無爲無形」的世界。處於理想狀態的人存在於「無形世界」。「無形世界」是無限的，是整體的，也是自存的世界。處於理想狀態的人是已經與「道」合一的。因此處於理想狀態的人之存在也是無限的、自存自在的。他的活動是「無爲活動」，也就是「無爲而無不爲」的活動。

由此可知，莊子經過「物之世界」的反省而展現「道之世界」。那麼「物之世界」與「道之世界」是否爲完全脫離的兩個世界？如果不是截然脫離的兩個世界，那麼有無統一兩個世界的方法？因為，如果「物之世界」與「道之世界」是完全脫離而截然不同的兩個世界的話，莊子展現的「道之世界」只能成為空中樓閣，莊子所說的「天地與我並生，而萬物與我為一」的理想也是空談而已。而如果有統一兩個世界的方法的話，它的理論根據何在？莊子統一兩個世界的理論，可稱之謂「道通為一」。（註一）因此，在本章中，先探討「道通為一」的理論根據，然後再從惠施的「天地一體說」看莊子的「道通為一」，藉以確定莊子的「道通為一」方法之特色，接著再進一步解析莊子的「道通為一」方法。

第一節　「道通為一」的理論根據

基本上，「物之世界」與「道之世界」的統一，就「物」與「道」之間必須先肯定有其相通的地方；且必有如此的相通的地方才能保證莊子「道通為一」說的實際性。

每個有形之物以及六合之內的有形宇宙雖然是有限的，但基於㈠道生萬物，因而在「道」的無限上可獲得「物之世界」的無限之可能性。其次，有形之物雖然是分別對立的，但由於㈡道在萬物，因而在「道」的整體上可獲得物與物之間通而為一的可能性。再其次，有形之物雖然是有待而變化的，但藉由㈢道之自化，因而在「道」的自存上可獲得有形之物的自化，即無待而變化的可能性。因此，底下即分這三個方面來說明「道通爲一」的理論根據。

意思。

一、道生萬物

莊子雖然並沒有明確地說明「道生萬物」。但是由幾個地方可以看出來「道生萬物」的

夫道窅然難言哉，將爲汝言其崖略。夫昭昭生於冥冥，有倫生於无形，精神生於道，形本生於精，而萬物以形相生。故九竅者胎生，八竅者卵生。其來无迹，其往无崖，无門无房，四達之皇皇也。（知北遊篇，頁七四一）

且道者，萬物之所由也。（漁父篇，頁一〇三五）

這裏，所謂「昭昭」，就是指看得見的；所謂「冥冥」，就是指看不見的。「昭昭」生於「冥冥」，等於說，「有」生於「無」。「有倫」生於「無形」，也就是說「有形」生於「無形」。「無形」爲「道」，「有形」爲「物」。道生萬物，故精神生於道；道雖不可見，恍兮惚兮；但其中有精；故云：「形本生於精」。萬物皆有形，故曰：「以形相生」。雖然如此，但其來無迹，其往無崖；不知所出，不知所歸，所以說：「无門无房」。（註二）「无門」就是「天門」，相當於老子的「衆妙之門」，因此無法知道其實情，但可以確定「道」

爲萬物的根源。

雜乎芒芴之間，變而有氣，氣變而有形，形變而有生。（至樂篇，頁六一五）

氣生於芒芴之間，芒芴有似乎老子的恍惚，恍惚指着「道」，則氣由「道」而生，然而「雜乎芒芴之間」也可以指泰初有氣時的狀態，是種芒芴的情況，是種冥冥的狀態。（註三）「氣」代表「道」的「有」性。所以「氣」雖然是「有」，却沒有一定的形狀。

泰初有无，无有无名；一之所起，有一而未形。物得以生，謂之德；未形者有分，且然无閒，謂之命；留動而生物，物成生理，謂之形；形體保神，各有儀則，謂之性。性脩反德，德至同於初。同乃虛，虛乃大。合喙鳴；喙鳴合，與天地爲合。其合緡緡，若愚若昏，是謂玄德，同乎大順。（天地篇，頁四二四）

泰初之氣是看不見的，但不是空無，因此說「无有」。「无有」指著「道」。「一」指明「通天下一氣耳」的「一氣」。「一氣」是沒有形體的、混一的狀態，然可以分陰分陽二氣，因此說「未形者有分」。

至陰肅肅，至陽赫赫，肅肅出乎天（地），赫赫出乎地（天）；兩者交通成和而物生焉，或爲了紀而莫見其形。（田子方篇，頁七一二）

陰陽不是兩個氣，而是一氣之兩個功能，就是一氣所以流行的功能。（註四）陰陽二氣流行無間稱之爲「命」。「命」就是萬物先天性的存在條件。陰陽二氣於如此的存在條件之下流動而產生物。如此的存在條件不同，因此萬物生成具有各別樣態。如此的各別樣態稱之爲「形」。每個有形之物「命」與「形」各不同，因而各有軌則。如此的各有軌則稱之爲「性」。至於所謂「物得以生」，卽是物得道以生。道是客觀存在；從理論上講，沒有物以前，乃至在沒有物的空隙處，皆有道的存在。道由分化、凝聚而爲物；此時超越之道的一部分，則內在於物之中；此內在於物中的道，莊子卽稱之爲「德」。（註五）因此，雖然每個有形之物

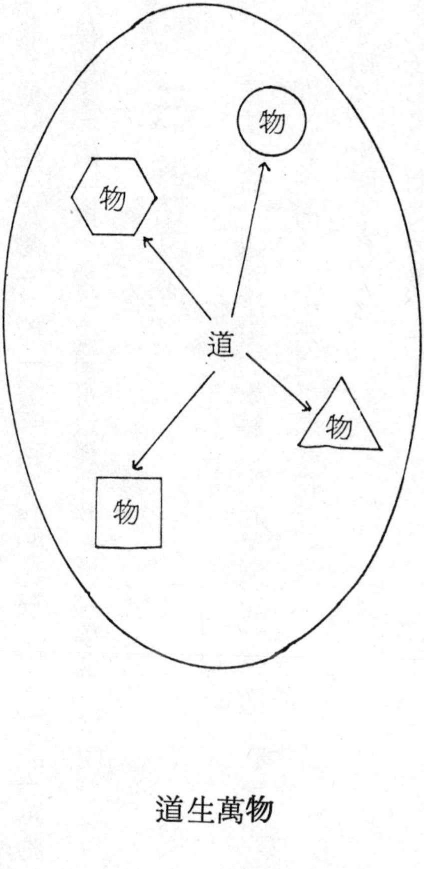

道生萬物

表現的性不同，但是經過修養可以再反於「德」。「德同於太初」就指明「玄德」同於「道」。如此莊子說「道」生「萬物」，而「道」爲萬物的始源，同時又說「萬物」可以反於「道」；因而莊子保留了「道」與「物」之間可以通而爲一的一條路。

二、道在萬物

「道」是萬物之母，也是宇宙的本體，因此，道也「無所不在」。

東郭子問於莊子曰：「所謂道，惡乎在？」

莊子曰：「无所不在。」

東郭子曰：「期而後可。」

莊子曰：「在螻蟻。」

曰：「何其下邪？」

曰：「在稊稗。」

曰：「何其愈下邪？」

曰：「在瓦甓。」

曰：「何其愈甚邪？」

曰：「在屎溺。」

東郭子不應。莊子曰：「夫子之問也，固不及質，正獲之問於監市履豨也，每下愈況。汝唯莫必，无乎逃物。至道若是，大言亦然，周徧咸三者，異名同實，其指一也。」（知北遊篇，頁七四九～五〇）

「道」在萬物，沒有一物沒有「道」。莊子說周、徧、咸三字可以用之於「道」。「道」周在萬物，即是說一切萬物都有「道」。「道」徧在萬物，是說「道」普遍地在一切物內，不分高下。「道」咸在萬物，乃是說各物之內咸有「道」在。因此「道」在萬物，在各物內，又在各物的每一部份內。（註六）

「道生萬物」指出「道」爲萬物之母，爲宇宙的本體，由此形成了無限的「道」與有限的「物」之間縱的關係。但是「道」與「物」之間還是有一段距離。唯經由「道在萬物」指出「道」的「无所不在」、「无乎逃物」，才能開展出「道」與「物」之間的無際，以及「物」與「物」之間通而爲一的橫的關係。

物物者與物无際，而物有際者，所謂物際者也；不際之際，際之不際者也。（知北遊篇，頁七五二）

東郭子從一切看得見的、屬於有限性以及有界限性的事物中，去尋找道，最多也不過找尋到

「道」的「無所不在」；而這種「無所不在」正是受了空間的限制，受了地方性的「所」所限制，受了外物的限制。莊子指出這個錯誤，而設法導引出道的「無限性」；這「無限性」不再受任何具體事物的規定，而是超乎了「無所不在」的特性，進入了無限的領域。（註七）「物物者與物无際」、「无乎逃物」就消除「道」與「物」之間的距離，並且保證「物」與「物」之間通而爲一的一條路。

　　自其異者視之，肝膽楚越也；自其同者視之，萬物皆一也。（德充府篇，頁一九〇）

「自其異者」，卽以不同形色的有形之物，就是以物觀之，只能察覺萬物的分別對立性。但是「自其同者」，卽以內存於物的道，就是以道觀之，可以洞見萬物的整體性。「萬物皆一

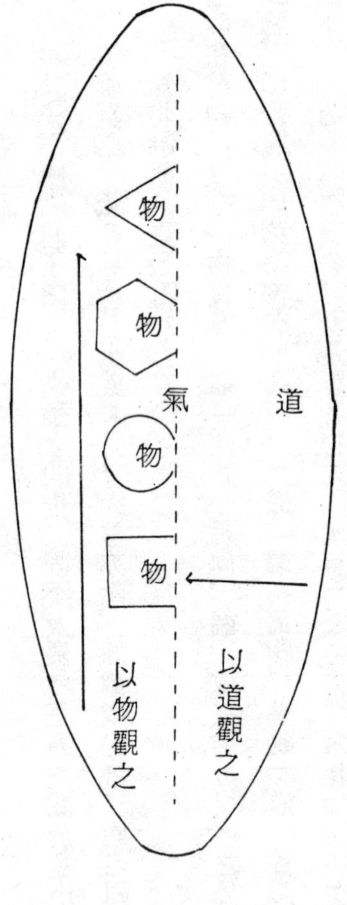

道在萬物

也」就指明內存於萬物的「道」，就是「有情」、「無形」的氣。

> 通天下一氣耳。（知北遊篇，頁七三三）

> 壹其性，養其氣，合其德，以通乎物之所造。（達生篇，頁六三四）

「一氣」就是「物」與「物」之間通而爲一之可能。

三、道之自化

以物觀之，有形之物的變化必依賴某些條件才能發生，就是有待而變化的。然以道觀之，「道在萬物」，因此有形之物的變化，都是由於內在於萬物的道之自化而已。

> 萬物一齊，孰短孰長？道无終始；物有死生，不恃其成，一虛一滿，不位乎其形。年不可舉，時不可止；消息盈虛，終則有始；是所以語大義之方，論萬物之理也。物之生也，若驟若馳；无動而不變，无時而不移。何爲乎？何不爲乎？夫固將自化。（秋水篇，頁五八四）

宇宙的萬物永久在變動，然這種變動不是由於外在而來的變化，而是由於內在的變化，就是「自化」。

> 子游曰：「地籟則衆竅是已，人籟則比竹是已，敢問天籟。」子綦曰：「夫吹萬不同，

而使其自己也，咸其自取，怒者其誰邪！」（齊物論篇，頁四九～五〇）「天籟」指著絕對無待、圓滿具足、獨立而自化、逍遙而自在的自然義。（註八）「道」，是「自本自根」，「自古以固存」，就是說自己決定自己存在而不是依賴某些條件才能發生的；這也是說，並沒有外在於「道」的東西存在而使「道」如此。「道」內在於每個有形之物中，因此以道觀之每個有形之物的變化皆是無待而自化的。

萬物的變化是由道而來的「一氣」之流行而已。

生也死之徒，死也生之始，孰知其紀！人之生，氣之聚也；聚則為生，散者為死。若死生為徒，吾又何患！故萬物一也，是其所美者為神奇，其所惡者為臭腐；臭腐復化為神奇，神奇復化為臭腐。故曰「通天下一氣耳。」聖人故貴一。（知北遊篇，頁七三三）

從萬物之個別性來看，萬物雖有生死、大小、形狀之變化。然以道觀之，萬物只是由「道」之自化而來之「一氣」流行，因此萬物之生死變化只是假借「一氣」而已。生命與生命之間只是相互輪轉而已，此生彼死，彼死此生。只是「一氣」之所化。

種有幾？得水則為䖲，得水土之際則為鼃蠙之衣，生於陵屯則為陵舄，陵舄得鬱棲則為烏足，烏足之根為蠐螬，其葉為胡蝶。胡蝶胥也化而為蟲，生於竈下，其狀若脫，其名爲鴝掇。鴝掇千日爲鳥，其名爲乾餘骨。乾餘骨之沫爲斯彌，斯彌爲食醯。頤輅生乎食醯。黃軦生乎九猷，瞀芮生乎腐蠸。羊奚比乎不箰，久竹生青寧；青寧生程，程生馬，馬生人，人又反入於機。萬物皆出於機，皆入於機。（至樂篇，頁六二四～六二五）

莊子以萬物皆由「氣」而來，爲種，爲幾，爲幺，爲精，無非皆說「氣」之微小而變化運轉而已。（註九）

萬物皆種也，以不同形相禪，始卒若環，莫得其倫，是謂天均。天均者天倪也。（寓言篇，頁九五〇）

「不同形相禪」指明萬物以不同形狀運動遷流而更相代謝。因此在時空的條件下來看，蝴蝶就是蝴蝶，莊周就是莊周。

昔者莊周夢爲胡蝶，栩栩然胡蝶也，自喻適志與！不知周也。俄然覺，則蘧蘧然周也。不知周之夢爲胡蝶與，胡蝶之夢爲周與？周與胡蝶，則必有分矣。此之謂物化。（齊物論篇，頁一一二）

從「物化」上看，蝴蝶也是一物，莊周也是一物，因此必有分別。但是從「一氣」之流行看，莊周可化爲蝴蝶，蝴蝶可化爲莊周，莊周與蝴蝶同是「一氣」之流行而已。

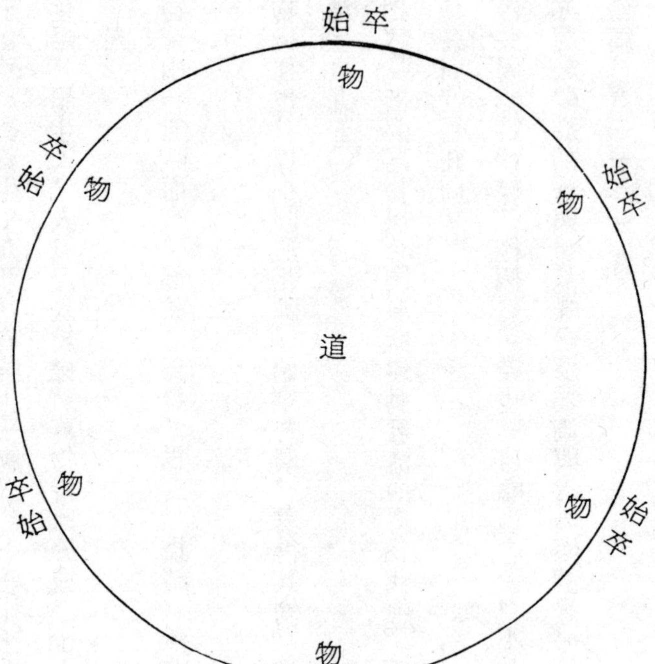

道之自化

天地雖大，其化均也；萬物雖多，其治一也。（天地篇，頁四〇三）

萬物雖然是雜多紛紜的，但是萬物的變化是「始卒若環」，就是內在於萬物的「一氣」之流行而已。「一氣」之流行不須要外在的力量，並且這種流行稱之爲「天均」。「天均」就是自然均平之理，就是「道」之變化原理。因此可以說萬物的變化是「一氣」之流行，「一氣」之流行原理是本於「道」之自化原理。

其分也，成也；其成也，毁也。凡物无成與毁，復通爲一。（齊物論篇，頁七〇）

萬物一府，死生同狀。（天地篇，頁四〇七）

莊子正是以「一氣」之流行，來消除了萬物之成毁、生死，而指出了通而爲一的一條路。

第二節　由惠子的「天地一體說」看莊子的「道通爲一」

一、莊子與惠子的理想

上節中，探討莊子所說的「道通爲一」之理論根據，就是說，理論性地、思辯性地探討莊子所提出的理想之可能的形上原則。莊子所提出的理想可以說是：

天地與我並生，而萬物與我爲一。（齊物論篇，頁七九）

「道通爲一」而達到自然如此，無待逍遙的生活，並且達到無限的，渾融整體的，不可言說不可思議的「道之世界」。

至於惠子的理想可以說是：

氾愛萬物，天地一體也。（天下篇，頁一一〇二）

如此，莊子與惠子所提出的理想非常接近。因此他們之間有某種契合的地方。

莊子送葬，過惠子之墓，顧謂從者曰：「郢人堊慢其鼻端若蠅翼，使匠石斲之。匠石運斤成風，聽而斲之，（暝目恣手），盡堊而鼻不傷；郢人立不失容。宋元君聞之，召匠石曰：『嘗試爲寡人爲之。』匠石曰：『匠則嘗能斲之。雖然，匠之質死久矣。』自夫子之死也，吾无以爲質矣，吾无與言之矣。」（徐无鬼篇，頁八四三）

「質」不只是單純的對象，而是互相有信、有了悟的對象。「吾无以爲質矣」就指明莊子因惠子的死而喪失互相有信的「質」。如此，他們的理想、解悟可說都很相近，而且也互相喜歡討論。但是，他們追求理想的方法却不同，因而常常發生爭論。

惠子謂莊子曰：「人故无情乎？」莊子曰：「然。」惠子曰：「人而无情，何以謂之人？」莊子曰：「道與之貌，天與之形，惡得不謂之人？」惠子曰：「旣謂之人，惡得无情？」莊子曰：「是非吾所謂情也。吾所謂无情者，言人之不以好惡內傷其身，常因自然而不益生也。」惠子曰：「不益生，何以有其身？」莊子曰：「道與之貌，天與之形，无以好惡內傷其身。今子外乎子之神，勞乎子之精，倚樹而吟，據槁梧而瞑。天選子之形，子以堅白鳴！」（德充符篇，頁二二〇～二二二）

惠子認爲既然有「人」這概念，必有「人之情」這「人」的屬性；這是惠子不了解莊子所說的「道與之貌，天與之形」之意思而引起的。此地莊子所說的「情」指包含著「與物相刃相靡」的「有爲」活動。莊子認爲「道與之貌，天與之形」而人具有自然而然地生活的天性。然惠子認爲人應該有追求外物的「有爲」活動，才能保存自己的身體。而莊子却認爲，人的內在本性中已經具有保存身體的能力，不須要追求外物。惠子的「名」也是追求外物而得到的。因此莊子認爲惠子的「有名」活動只會損耗精神，勞苦精力，致心神疲弊而已。由此可知，惠子的「氾愛萬物，天地一體也」的理想，是通過「有名」活動而得到的結論；換句話說，惠子是以概念來分析他自己所面對的世界，然後從所追求的「名」來奠立他的理想。

㈡

惠施多方，其書五車，其道舛駁，其言也不中，厤物之意，曰……（天下篇，頁一一

顯然地，惠子的理想是通過概念分析而得到的。以下即探討惠子的「厤物之意」，並從其論

辯所引生的問題，來說明惠子與莊子的同異。（註一〇）

二、相對性問題

惠子雖然覺察到萬物的相對性，但他無法消除其相對性。

> 天與地卑，山與澤平。（天下篇，頁一一〇二）

「上」與「下」，「高」與「低」，是從某個標準來比較而產生的相對概念。因此，有了所定的標準，才有那樣的「上下」、「高低」。惠子覺察到空間上的「上下」、「高低」不是絕對客觀地如此，就是說天不是絕對客觀地「上」，地也不是絕對客觀地「下」，山與澤亦如此；如果立一相反的標準，那麼一切比較皆可顚倒。因此天地山澤本無所謂上下高低。如此惠子也同莊子一樣認爲整個宇宙的空間中，高、低和上、下都是相對的。

> 今日適越而昔來。（天下篇，頁一一〇二）

惠子覺察到「今」與「昔」的相對性。就是說，時間的相對性。

> 未成乎心，而有是非；是今日適越而昔至也。（齊物篇，頁五六）

「未成乎心」，就是「客觀」；反之，「已成乎心」，就是「主觀」。是、非和今、昔都是主觀的心理上的成見。若自客觀言之，「時間」卽無分今、昔。那麼，說「適越」就是「適越」，無所謂昨日與今日。（註一一）如此惠子也同莊子一樣認爲整個宇宙的時間中，今、昔之分是相對性的分別而已。

日方中方睨，物方生方死。（天下篇，頁一一〇二）

惠子認爲萬物皆在流變中，因而沒有物是不變的。因此對「流變」的不同了解，可產生不同的觀點。當日中時候，同時也就是日睨的時候，生的過程同時也就是死的過程。如此惠子覺察到，萬物若從流變的「動」的觀點看的話，乃因不同的觀點即有相對性。

物无非彼，物无非是。自彼則不見，自知則知之。故曰彼出於是，是亦因彼。彼是方生之說也，雖然，方生方死，方死方生；方可方不可，方不可方可；因是因非，因非因是。是以聖人不由，而照之於天，亦因是也。（齊物論篇，頁六六）

莊子也跟惠子一樣，了解「方生之說」。莊子同樣認爲，因時間的條件而產生不同的觀點，因不同的觀點而有相對性；然而莊子却能進一步覺悟突破相對性的方法。

莊子謂惠子曰：「孔子行年六十而六十化，始時所是，卒而非之，未知今之所謂是之非五十九非也。」

惠子曰：「孔子勤志服知也。」

莊子曰：「孔子謝之矣，而其未之嘗言。孔子云：「夫受才乎大本，復靈以生，鳴而當律，言而當法，利義陳乎前，而好惡是非直服人之口而已矣。使人乃以心服，而不敢蘁立，定天下之定。已乎已乎！吾且不得及彼乎！」（寓言篇，頁九五二～九五三）

莊子借孔子而說知識的相對性，然惠子不懂莊子之義，因而說孔子的勵志用智。因爲惠子雖然覺察到「方生之說」，但是他的目的仍在於建立分析外物的知識。因此莊子接著說「孔子謝之矣，而其未之嘗言」。並且借孔子說「夫受才乎大本，復靈以生」，而提出回歸本性的一條路，就是「照之於天」的方法。（註一二）

我知天下之中央，燕之北越之南是也。（天下篇，頁一一○二）

惠子用此指出因不同的觀點而引起的不同的標準，因不同的標準而產生的相對性。因此他發現標準的所在無定，正如天下之中央一樣，所在爲中，所在爲標準。（註一三）

莊子曰：「射者非前期而中，謂之善射，天下皆羿也，可乎？」惠子曰：「可。」莊子曰：「天下非有公是也，而各是其所是，天下皆堯也，可乎？」惠子曰：「可。」莊子曰：「然則儒墨楊秉四，與夫子爲五，果孰是邪？……且若是者邪？」惠子曰：「今夫儒墨楊秉，且方與我以辯，相拂以辭，相鎮以聲，而未始吾非也，則奚若矣？」（徐无鬼篇，頁八三八～八四○）

如此，惠子無法定標準，因此與儒墨楊秉互相爭辯而「各是其所是」。

故有儒墨之是非，以是其所非而非其所是。欲是其所非而非其所是，則莫若以明。（齊物論篇，頁六三）

莊子爲了解決「是非」，就提出回歸內心的「以明」的方法。（註一四）

故知止其所不知，至矣。孰知不言之辯，不道之道？若有能知，此之謂天府。注焉而不滿，酌焉而不竭，而不知其所由來，此之謂葆光。（齊物論篇，頁八三）

在每一個「自我」之中，都隱藏著「天府」、「葆光」，而這裏所說的「天府」、「葆光」也就是隱藏於人心的「道」之義。如此，莊子爲了解決相對性，提出回歸內心而在「天府」「葆光」上與「道」合一的方法。因而從「道」之眞實無限上來消除相對性。

三、有限無限問題

惠子雖然覺察到「無限」，然他的「無限」是經過推理活動而達到的「無限」，也是與「有限」相對的「無限」。

至大无外，謂之大一；至小无內，謂之小一。（天下篇，頁一一〇二）

「大」至於「無外」，這當然是「無限」；「無外」就是說，「不能再大」；「不能再大」，就是有了「限界」；有了「限界」當然是「有限」的了。「小」到於「無內」，這當然是「無限」；「無內」就是說，「不能再小」；「不能再小」，就是有了「限度」；有了「限度」，當然是「有限」了。再則，「小」比起「大」來固然是「有限」；但「大」之外還有「小」的存在；那麼「大」就不能算作「無限」了。（註一五）惠子的「麻物」命題，因此達到「有限而無限」的「大一」和「小一」。但是還是有「大一」和「小一」的對待，有對待便有比較，有比較便生「相對」。因而還是不能達到眞實的「無限」。

河伯曰：「世之議者皆曰：『至精无形，至大不可圍。』是信情乎？」

北海若曰：「夫自細視大者不盡，自大視細者不明。夫精，小之微也；垺，大之殷也；故異便。此勢之有也。夫精粗者，期於有形者也；无形者，數之所不能分也；不可圍者，數之所不能窮也。可以言論者，物之粗也；可以意致者，物之精也；言之所不能論，意之所不能察致者，不期精粗焉。」（秋水篇，頁五七二）

莊子所說的「无形者」與「不可圍者」，是「數之所不能分」、「數之所不能窮」的，因此可以說「至大」、「至小」。然「至大」不能跟「小」對待，「至小」不能跟「大」對待。因而是超乎言、意的範疇而沒有「大」、沒有「小」。沒有「大」、沒有「小」就是不可言說、不可思議的渾一，也是眞實的無限。

无厚，不可積也，其大千里。（天下篇，頁一一〇二）

「厚，有所大也」。「無厚」，卽「無大」；「無大」，故「不可積」。然「無厚」卽無高度；有長，有廣，故「其大千里」。此卽「小」中有「大」。如此有「小」和「大」的對待，因此，這「無厚」同時又是「有厚」。（註一六）

彼節者有閒，而刃刃者无厚；以无厚入有閒，恢恢乎其於遊刃必有餘地矣。（養生主篇，頁一一九）

此地所說的「無厚」不是與「有厚」相對的「無厚」。因爲這是莊子借「庖丁解牛」而說明眞實的無限；也就是借「以神遇而不以目視，官知止而神欲行」，來指出眞實的「無厚」。

南方无窮而有窮。（天下篇，頁一一〇二）

惠子覺察到空間的無限，然他是經過推理活動而找到的，因此，他不能破除認識主體，而不得不保持一個立脚點。因有一個立脚點，就產生南方與北方之分別。由此，從「南方」望去乃一「無窮」之空間；但是，「南方」乃屬空間之「一部份」，與「北方」是相對的；是「北方」之「南方」。同時，沒有「北方」，便也沒有「南方」；因此，「南方」是有限的。（註一七）如此，惠子還停留於六合之內而無法了悟眞實的無窮，但是莊子却超乎「六合」而遊於「六合」之外。因此莊子的「無窮」才是眞實的。

連環可解也。（天下篇，頁一一〇二）

惠子覺察到萬物的流變，因而提出「連環」。然他認爲「可解」，而莊子却認爲「不可解」。

彼是莫得其偶，謂之道樞；樞始得其環中，以應無窮。（齊物論篇，頁六六）

萬物皆種也，以不同形相禪，始卒若環，莫得其倫，是謂天均。（寓言篇，頁九五〇）

莊子以爲，凡物都是循環不息，如環無端。以其「無窮」，故「不可解」。（註一八）

道通爲一。其分也，成也；其成也，毀也；凡物无成與毀，復通爲一。（齊物論篇，頁七〇）

莊子是從「以道觀之」而了悟「道通爲一」、「復通爲一」的「一」，因此從「一」上了悟「一」的無窮。而惠子雖然了解「一」，但他還是從「以物觀之」的態度而爲「分」、爲「毀」，並說「可解」也。如此，惠子雖了解「連環」之「無窮」，但說「可解」而提出「有限」，即指出惠子所了解的「無限」乃是與「有限」相對的「無限」。然莊子所說的「道樞」、「天均」，則是從眞實的「無限」上說的。

四、分別與整體問題

惠子雖然說「畢同」，然他的「畢同」是經過「有知」活動而得到的「畢同」，也是與

「畢異」相對的「畢同」。

大同而與小同異，此之謂小同異。萬物畢同畢異，此之謂大同異。（天下篇，頁一一〇二）

惠子經過「厤物」而得到此命題。「小同異」指著綱目層級中的相似性。例如：人與人之間爲大同，人與狗之間小同。人與狗之間爲大同，人與花之間小同。「大同」是相似性的程度比較大，「小同」是相似性的程度比較小。在如此相似性的程度上，「大同」與「小同」之間有差異，此綱目層級中的同或異，就是「小同異」。「大同異」則指著萬物的普遍性和個別性。綱目層級中，層層向上而達到一最高的綱，就是「物」上，得到最高的普遍性。就在這最高的普遍性上，萬物「畢同」。反之，層層向下而達到一個體，就是在「個體」上，得到個別性。並且就在這個別性上，萬物「畢異」。如此，惠子也就在「萬物畢同」上找到了自己的理想。

汜愛萬物，天地一體也。（天下篇，頁一一〇二）

萬物就在「畢同」上有其普遍性，因此萬物皆是一樣，不要偏愛，須要汜愛。然而惠子猶不能克服「畢異」，在「畢同」與「畢異」之間依然產生相對的問題，因而其「天地一體」也是相對的。

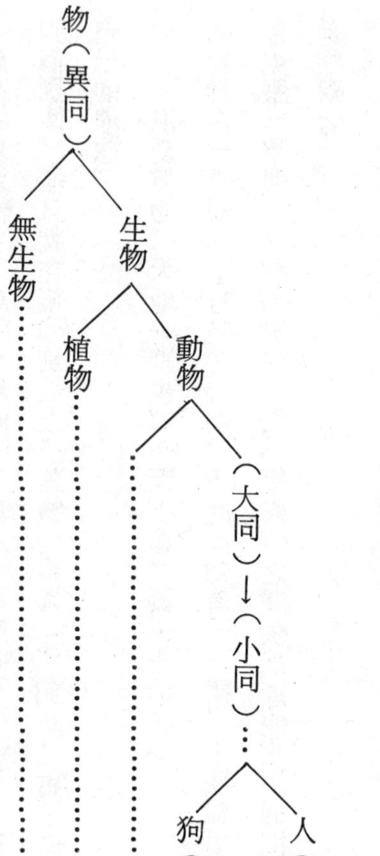

（畢　異）

莊子與惠子遊於濠梁之上。莊子曰：「儵魚出遊從容，是魚之樂也。」惠子曰：「子非魚，安知魚之樂？」莊子曰：「子非我，安知我不知魚之樂？」惠子曰：「我非子，固不知子矣；子固非魚也，子之不知魚之樂，全矣。」莊子曰：「請循其本。子曰『汝安知魚樂』云者，既已知吾知之而問我，我知之濠上也。」（秋水篇，頁六〇六～六〇七）

惠子雖從「萬物畢同」上說「天地一體」，但這「天地一體」還不是眞切的「一體」。因爲他的心目中還有「畢異」，因此他仍從莊子、惠子、魚的個別性上認爲「畢異」。然而莊子的「天地與我並生，而萬物與我爲一」的「一」，是不可言說的「一」，不可思議的「一」，

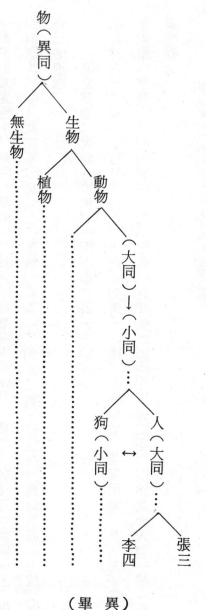

因而「自我」和「萬物」之間沒有任何分別，合而爲渾一的整體，莊子（認識主體）和魚（認識客體）合而爲一。但是惠子的「天地一體」是經過「有知」活動而得到的，因此是相對於「有知」的主體來說「天地一體」，也因而「天地一體」中不能包括認識主體，認識主體無法泯入「天地一體」中。

弱於德，强於物，其塗隩矣。由天地之道觀惠施之能，其猶一蚉一宝之勞者也。其於物也何庸！夫充一尙可，曰愈貴道，幾矣！惠施不能以此自寧，散於萬物而不厭，卒以善辯爲名。惜乎！惠施之才，駘蕩而不得，逐萬物而不反，是窮響以聲，形與影競走也。悲夫！（天下篇，頁一一一二）

惠子的「厤物」的確是與莊子對「物之世界」的反省很相近，但由於他「逐萬物而不反」之故，無法完全消除相對性、有限性、分別性；也由於他「强於物」而無法達到「未始有物」的「眞知」，只能停留於「以爲有物」的層次。

古之人，其知有所至矣。惡乎至？有以爲未始有物者，至矣，盡矣，不可以加矣。其次以爲有物矣，而未始有封也。其次以爲有封焉，而未始有是非也。是非之彰也，道之所以虧。……昭文之鼓琴也，師曠之枝策也，惠子之據梧也，三子之知幾乎，皆其盛者也，故載之末年。唯其好之也，以異於彼，其好之也，欲以明之。彼非所明而明

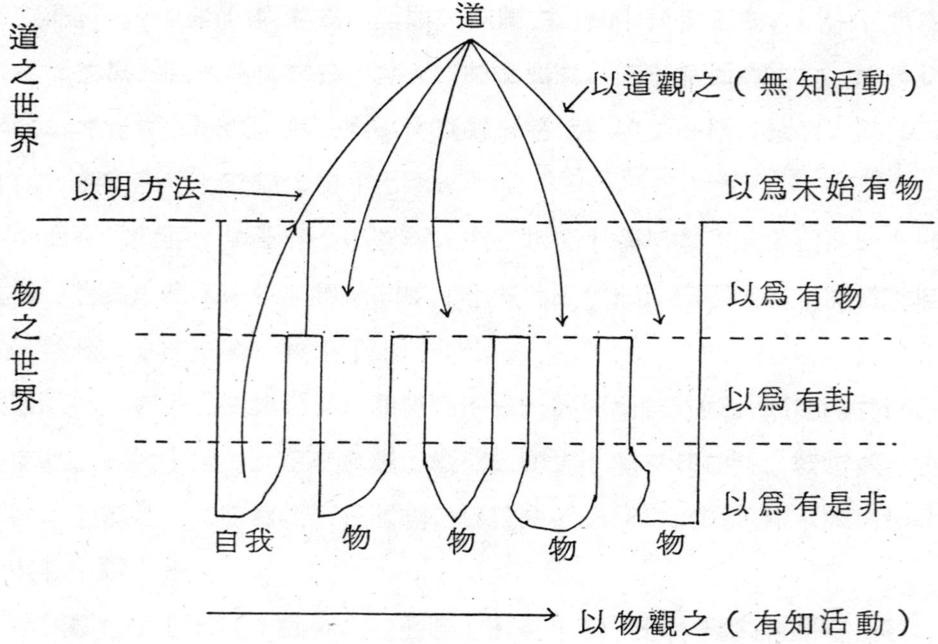
道
道之世界
以道觀之（無知活動）
以明方法
以爲未始有物
物之世界
以爲有物
以爲有封
以爲有是非
自我
物
物
物
物
以物觀之（有知活動）

之，故以堅白之昧終。……是故滑疑之耀，聖人之所圖也。爲是不用而寓諸庸，此之謂以明。（齊物論篇，頁七四～七五）

「惠子之據梧」雖然是「幾乎」。但依仍「弱於德」，「駘蕩而不得」。因此莊子提出「反於大通」、合於天德的「以明」方法。

總之，惠子與莊子的理想很相近，但惠子仍然保持「以物觀之」的態度，而莊子卻突破了惠子的界限而提出「以道觀之」的態度。如此，莊子的「道通爲一」與惠子的「天地一體說」不同。

第三節 「道通爲一」的方法

一、反己

上節中，從惠子與莊子之比較，可知莊子的「道通爲一」不是經過「有知」、「有名」活動而建立，而是以「照之於天」、合於天德的「以明」的方法，卽回歸內修而在「天府」、「葆光」上與「道」合一的方法來建立的。如此，莊子的「道通爲一」的方法不是向外追逐的過程，而是向內回歸內修的過程。那麼「向內」是指什麼樣的過程呢？

不以物易己也。反己而不窮。（徐无鬼篇，頁八五二）

若棄名利，反之於心，則夫士之爲行，抱其天乎。（盜跖篇，頁一〇〇二）

如此可知，向內回歸內修的過程，莊子把它稱之爲「反己」、「反心」。「反己」指著返於眞我，「反心」指著返於常心。這是消除自我爲中心的成心而達到的。莊子除了以「己」、「心」兩個字來指向內回歸內修之處外，他還常用「性」與「德」兩個概念說明「道通爲一」方法。

无以反其性情而復其初。（繕性篇，頁五五二）

危然處其所而反其性已。（繕性篇，頁五五六）

性修反德，德至同於初。（天地篇，頁四二四）

由此可知，莊子亦主張「反性」、「反德」。當人「反德」時，他就可同於太初，所以，「反德」亦可稱爲「復初」。

綜上可知，莊子的「道通爲一」的方法就是「反己」、「反心」、「反性」、「反德」。而且「反」是指著向內回歸內修而返於「道」。底下接著探討「反」的過程，也就是進一步解析「道通爲一」的方法。

二、「道通為一」方法之解析

首先，莊子以「喪我」來指出自然而然、自己自在的「天籟」境界。

南郭子綦隱几而坐，仰天而噓，荅焉似喪其耦。顏成子游立侍乎前，曰：「何居乎？形固可使如槁木，而心固可使如死灰乎？今之隱几者，非昔之隱几者也。」子綦曰：「偃，不亦善乎，而問之也！今者吾喪我，汝知之乎？女聞人籟而未聞地籟，女聞地籟未聞天籟夫！」（齊物論篇，頁四三～五）

「喪我」指明遺忘「經驗的個人我」意識。「似喪其耦」指著超乎對待關係的忘我境界。如此超乎主客對立的關係才達到無心而自得，自然而然，自己自在的「天籟」境界。「形如槁木」象徵遺忘「形軀」，「心如死灰」則象徵消除了「成心」。

其次，莊子又以「心齋」來指出「喪我」而達到的虛靈狀態。

回曰：「敢問心齋。」

仲尼曰：「若一志，无聽之以耳而聽之以心，无聽之心而聽之以氣！聽止於耳，心止於符。氣也者，虛而待物者也。唯道集虛。虛者，心齋也。」

顏回曰：「回之未始得使，實自回也；得使之也，未始有回也；可謂虛乎？」（人間

世篇，頁一四七～八）

「未始有回」卽指明「喪我」，而「心齋」則指出「自我」的虛靈狀態。莊子爲了達到「自我」的虛靈狀態而止息主客對立的「有知」活動。「聽之以耳」是指感官的感受活動，「聽之以心」是指概念的統思活動；若這兩種有知活動不止的話，就成爲「坐馳」。

瞻彼闋者，虛室生白，吉祥止止。夫且不止，是之謂坐馳。夫徇耳目內通而外於心知，鬼神將來舍，而況人乎！（人間世篇，頁一五〇）

「不止」，則曰「坐馳」。「徇耳目內通而外於心知」卽是止，順耳目以內通，不以心知之造作以使之外物而逐于物，此之謂「止」（註一九）；「止」者，可以說「凝靜之智」（註二〇），「虛」就是「止（寂）」，因此「虛」則一切吉祥來集於此。換言之，摒棄感官的感受活動與概念的統思活動的「有知」活動，而只是「聽之以氣」。這「氣」是整個人存在的「可能性」，這「可能性」包容了「非物質」與「物質」，也卽是說，概括了精神的世界，包括了自我以及自我以外的存在。「氣」的本身是「虛」，是一種可能性；在這可能性中，道可以把它充滿。而人的最大責任，是用「心齋」的方法，使自己變成「虛」；唯有在變成「虛」之後，才能等待「道」之來臨。（註二一），這也就是「唯道集虛」。

无爲名尸，无爲謀府；无爲事任，无爲知主。體盡无窮，而遊无朕；盡其所受乎天，

而无見得，亦虛而已。（應帝王篇，頁三〇七）

如此，絕棄「有爲」活動而達到「自我」的虛靈狀態，就可以「無爲而無不爲」。

徹志之勃，解心之謬，去德之累，達道之塞。貴富顯嚴名利六者，勃志也。容動色理氣意六者，（繆）〔謬〕心也。惡欲喜怒哀樂六者，累德也。去就取與知能六者塞道也。此四六者不盪胷中則正，正則靜，靜則明，明則虛，虛則无爲无不爲也。（庚桑楚篇，頁八一〇）

「勃志」指著人因追逐外物而動亂意志，「謬心」指著人因造做而束縛心靈，「累德」指著「人」因六情而負累德性，「塞道」指著人因有爲而阻礙道。換言之，貴富顯嚴名利會侵蝕「自我」的意志，容動色理氣意會擾亂「自我」的心靈，惡欲喜怒哀樂會影響「自我」的接受，去就取與知能會阻塞「自我」的認知方法。如此「人」執著於外物而發生「以物觀之」的態度。因此爲了達到「以道觀之」的境界必須摒棄這二十四種因素，使它們不動盪於胸中，就是說遺忘「自我」的意識，消除「自我」爲中心的「成心」，而隨順隱藏於「自我」中的「德」與「道」。如此遺忘「自我」意識，才能達到「無爲而無不爲」的虛靈狀態。虛靈狀態就表示「自我」的無爲而無不爲的可能性。

夫恬惔寂漠虛无无爲，此天地之平而道德之質也。……虛无恬惔，乃合天德。……故心不憂樂，德之至也；一而不變，靜之至也；无所於忤，虛之至也；不與物交，淡之至也；无所於逆，粹之至也。（刻意篇，頁五三八～五四二）

如此摒棄向外追逐的「有爲」活動，而返於內修才能達到與「天德」合一，「同於大通」。

再者，莊子又以「坐忘」來指出「喪我」而達到的「同於大通」境界。

顏回曰：「回益矣。」

仲尼曰：「何謂也？」

曰：「回忘禮樂矣。」

曰：「可矣，猶未也。」

他日，復見，曰：「回益矣。」

曰：「何謂也？」

曰：「回忘仁義矣。」

曰：「可矣，猶未也。」

他日，復見，曰：「回益矣。」

曰：「何謂也？」

曰：「回坐忘矣。」

仲尼蹵然曰：「何謂坐忘？」

顏回曰：「墮肢體，黜聰明，離形去知，同於大通，此謂坐忘。」

仲尼曰：「同則无好也，化則无常也。而果其賢乎！丘也請從而後也。」（大宗師篇，頁二八二～二八五）

「禮樂仁義」（註二二）是外物，是一種愛欲的表現。「禮」是荒亂之首，「樂」是淫蕩之具。（註二三）因此，追求「禮樂」不過是個「有欲」的情意活動。「仁」是兼愛之迹，「義」是成物之功。就是說「仁義」的德目成爲一種外物，因此，追求仁迹、義功不過是個「有欲」的意志活動。如此追求「禮樂仁義」乃是「與物相刃相靡」的愛欲的表現，因而莊子要先破除如此的愛欲的障執。「墮肢體」就是「離形」，指著擺脫生理學以及心理學意義的「有欲」活動。「黜聰明」就是「去知」，指著擺脫知識論所說的主客對立的「有知」活動。「離形」的最主要目的就是在破除「有欲」活動。因此莊子主張「無情」。

吾所謂无情者，言人之不以好惡內傷其身，常因自然而不益生也。（德充符篇，頁二二一）

莊子認爲追求外物的「有欲」活動，因有好惡的情欲而使人足以「內傷其身」。因此必須消除因好惡之情而產生的「有欲」活動，然後達到「无情」時，才能與「道」合一而展現「無爲而無不爲」的「無欲」活動。

「去知」的最主要目的就是破除「有知活動」。主客對立的「有知」活動當中，不論從感官得到的經驗知識，或由理性推論得到的推理知識，皆因主體的局限性與客體的流變性，而流於相對的、不全的知識。

> 其夫屬其性乎仁義者，雖通如曾史，非吾所謂臧也；屬其性於五味，雖通如俞兒，非吾所謂臧也；屬其性乎五聲，雖通如師曠，非吾所謂聰也；屬其性乎五色，雖通如離朱；非吾所謂明也。……吾所謂臧者，非所謂仁義之謂也，任其性命之情而已矣；吾所謂聰者，非謂其聞彼也，自聞而已矣；吾所謂明者，非謂其見彼也，自見而已矣。夫不自見而見彼，不自得而得彼者，是得人之得而不自得其得者也，適人之適而不自適其適者也。（駢拇篇，頁三二七）

莊子認爲仁義、五味、五聲、五色不屬於本性，因此聞彼、見彼、得彼者，不過見「得人之得而不自得其得者也」。而「任其性命之情」即在指明本性「同於大通」，足可無爲而無不爲的意思。「自聞」「自見」就是主客合一而「以道觀之」的意思。如此「黜聰明」就是破除「聞彼」、「見彼」的從感性方面所說的聰明的意思。

> 心養。汝徒處无爲，而物自化。墮爾形體，吐爾聰明，倫與物忘；大同乎涬溟，解心

釋神，莫然无魂。萬物云云，各復其根，各復其根而不知；渾渾沌沌，終身不離；若彼知之，乃是離之。无問其名，无闚其情，物固自生。（在宥篇，頁三九〇）

「坐忘」而達到「同於大通」的境界，在物我雙忘之修持中，「自我」的本體與物之本體遂可通而爲一。

此外，莊子還以「見獨」來指出「不生不死」的境界和主客合一的「攖寧」狀態。

吾猶守而告之，參日而後能外天下；已外天下矣，吾又守之，七日而後能外物；已外物矣，吾又守之，九日而後能外生；已外生矣，而後能朝徹；朝徹，而後能見獨；見獨，而後能无古今；无古今，而後能入於不死不生。殺生者不死，生生者不生，其爲物，無不迎也；無不毀也，無不成也。其名爲攖寧。攖寧也者，攖而後成者也。（大宗師篇，頁二五二～二五三）

「天下」指明「人間世」，就是人類所構成的社會。通常儒家認爲「天下之事爲自己事」，然莊子認爲處於實際狀態的人在人類所構成的社會當中，因有爲的因素而受人道之患，因此必須遺忘「天下」，因「天下」也是外物。但廣義的「物」可包括觀念物以及物質的物，尤其觀念物的成分特重。因此雖然容易遺忘「天下」，但不容易遺忘爲了生存所須要的食物，就是說人朝夕所須，切己難忘的就是「物」（註二四）。所以莊子也說「養形必先之以物。」

（達生篇，頁六三〇）

「外物」就指明「因自然不益生」，爲了生存所須要的食物不是必須經過「有欲」活動而得到的，而是自然而然地得到的。因此不須向外追求「物」。如此遺忘外在的「物」，然後才可以遺忘「自我」意識。「自我」意識是成心所作的「自我」，「外生」就指明遺忘成心所作的「自我」。因此「外生」之後才呈現「眞我」，「眞我」的心可以說是虛、靜、明狀態的「無心」。莊子以「鏡」、「水」來表達其虛、靜、明的「無心」。

聖人之靜也，非曰靜也善，故靜也；萬物无足以鐃心者，故靜也。水靜則明燭鬚眉，平中準，大匠取法焉。水靜猶明，而況精神！聖人之心靜乎！天地之鑑也，萬物之鏡也。夫虛靜恬淡寂漠无爲者，天地之平而道德之至，故帝王聖人休焉。休則虛，虛則實，實者倫矣。虛則靜，靜則動，動則得矣。……夫虛靜恬淡寂漠无爲者，萬物之本也。（天道篇，頁四五七）

虛、靜、明的性格是沒有「鐃心」的。而且並不是把「靜」作一個理智去加以追求，乃是在消除「有爲」活動而來的妄念之後，便自然而然地，是靜的狀態。

人莫鑑於流水而鑑於止水，唯止能止衆止。（德充符篇，頁一九三）

鑑明則塵垢不止，止則不明也。（德充符篇，頁一九七）

如此，「塵垢不止」描述了「無心」的不染有一絲成心所作的虛靜明的狀態。

至人之用心若鏡，不將不迎，應而不藏，故能勝物而不傷。（應帝王篇，頁三〇七）

「不將不迎」就表示物我之間沒有任何東西。換言之，「無爲」的「無心」，是不爲物所攖動、而又沒有與物相隔閡的，因此物我之間，沒有遮蔽，沒有障礙。如此「無心」如朝陽初啟（註二五），因而莊子稱之爲「朝徹」。「朝徹」之復，乃能見「道」之「獨」，而與「道通爲一」；達到內、外、物、我兼忘的境界。（註二六）因此能「无古今」而破除「古」與「今」的時間對待，進入「永恆的現今」（eternal now）（註二七）境界，「不死不生」而破除「生」與「死」的對待，進入無限的「道之世界」。

【附註】

註一　鄔昆如，莊子與古希臘哲學中的道（國立編譯館，六五年、二版），頁八十，「如果說『道通爲一』是莊子哲學中理論部分，……莊子的哲學體系，就在於他回歸內心找尋他的『葆光』，然後在『葆光』內看清道的基本功能，即統一所有矛盾和對立的能力——『道通爲一』，然後再從這形上的原則處下來…。」

註二　嚴靈峯，老列莊三子研究文集（「經子叢著」第九冊）（國立編譯館，七二年），頁五〇七。

註三　羅光，中國哲學思想史、先秦篇（學生書局，七一年、重版），頁五〇六。

註四　在莊子中，氣分陰陽二氣，不宜視爲二元的實體或元素，應屬由道而來之一氣的兩個功能。

註　五　徐復觀，中國人性論史、先秦篇（商務印書館，六八年、五版），頁三六九。
註　六　羅光，中國哲學大綱、下冊（商務印書館，五六年），頁三一。
註　七　同註一，頁六九～七〇。
註　八　牟宗三，才性與玄理（學生書局，六七年、台再版），頁一九五。
註　九　同註二，頁五一二。
註一〇　底下凡關於惠施之論點，均僅限於莊子書中所出現者。
註一一　參見嚴靈峯，學術論著及雜文序跋（「經子叢著」第十冊）（國立編譯館，七二年），頁二一五。
註一二　「照之於天」指明主客合一的「大知」，就是說，與「道」合一而任「道」之變化原則。
註一三　吾人認爲這命題只能指明相對性的觀點，如果將之解爲惠子有圓形宇宙觀，似有以近代科學成果強解古人之嫌，未免不當。
註一四　參見第二節「反己」之說明。
註一五　參見同註一一，頁二〇七～八。
註一六　參見同註一一，頁二〇八。
註一七　參見同註一一，頁二〇九。
註一八　參見同註一一，頁二〇九～二一〇。
註一九　牟宗三，智的直覺與中國哲學（商務印書館，六三年、二版），頁二〇五。
註二〇　成玄英疏，人間世篇，頁一五一。
註二一　同註一，頁八〇。

註二二　參見陳鼓應，莊子今註今譯（商務印書館，六九年、四版），頁二二七。
註二三　成玄英疏，大宗師篇，頁二八四。
註二四　郭象注，大宗師篇，頁二五三。
註二五　成玄英疏，大宗師篇，頁二五四。
註二六　同註二，頁五四四。
註二七　王煜，老莊思想論集（聯經出版社，六八年），頁三七四。

第五章 「安之若命」的人生觀

莊子哲學的基本問題可以說是人生如何過活的問題。因此莊子爲了解決此問題，首先指出處於實際狀態的人具有的悲哀性。

夫哀莫大於心死，而人死亦次之。（田子方篇，頁七〇七）

莊子認爲處於實際狀態的人具有的悲哀性是「心死」與「死亡」。處於實際狀態的人也不過是個物理性的存在，因而必有「死亡」的一天。處於實際狀態的人爲了逃避死亡，遂從事各種有爲活動而欲佔有「物」、支配「物」。然莊子認爲佔有「物」、支配「物」的有爲活動，只能產生「心死」問題而不能解決「死亡」問題。因此莊子提出最眞實的存有、宇宙的絕對變化原理——「道」，也提出與「道」合一的處於理想狀態的人。處於理想狀態的人是已經消除自我爲中心的「成心」，而達到「道通爲一」的人，也是「天地與我並生，而萬物與我爲一」的人，因此處於理想狀態的人的活動與「道」之動吻合，就是說，他的活動是自然無爲的活動。這就是莊子心目中最完美的活動。然處於實際狀態的人究竟不是達到「道通爲一」

的人。因此，在此發生「處於實際狀態的人應當如何來面對他的存在和人生？」這個問題。換句話說，莊子哲學究竟對處於實際狀態的人提供了怎樣子的人生態度？

莊子認爲，處於實際狀態的人之悲哀性是由於他的有爲活動而引起的。因此，他主張處於實際狀態的人必須要因任自然無爲的「道」以解決其悲哀性。

无以人滅天，无以故滅命。（秋水篇，頁五九〇）

知其不可奈何而安之若命，德之至也。（人間世篇，頁一五五）

「安之若命」就是莊子哲學對處於實際狀態的人提供的人生態度。然此地所說的「命」，並不是指一切既有安排，吾人卽可不從其事那樣的「宿命」，反而是從隱藏於內心的「天府」發出來的「無爲而無不爲」的原理。

泰初有无，无有无名；一之所起，有一而未形。物得以生，謂之德；未形者有分，且然无閒，謂之命。（天地篇，頁四二四）

「且然无閒」，是緊承上句未形者有分而出來的。未形之「一」，分散於各物（德）；每一物分得如此，就是如此（且然），毫無出入（无閒）；這卽是命。然則莊子之所謂命，乃指人秉生之初，從「一」那裏所分得的限度。（註一）因此，莊子所說的「命」並不是人自己以外有主宰者而給他命定的。因爲，如果是這樣的話，人只能從命於主宰者而他自己不自然，也成爲有待而變的被動者。莊子所說的「命」是從自然無爲的「道」之原理中，分得個體之自然無爲之原理，就是從隱藏於內心的「天府」中發出來的「無爲而無不爲」的原理。然處於實際狀態的人無法知道自己的「命」。

不知吾所以然而然，命也。（達生篇，頁六五八）

因此，「安之若命」這句話，好像成了不實際的空話似的。但是「安之若命」這句話，實已經提示處於實際狀態的人之人生態度，就是自然無爲的人生態度。

底下探討自然無爲的人生態度之下，如何才是「安之若命」的生死觀以及逍遙觀。

第一節　生死觀

處於實際狀態的人之存在，與其他之存在物殊無二致，一樣是在變化的洪流中，乍生乍滅，沒有任何恆定性可言，是個有限的存在。

人生天地之間，若白駒之過郤，忽然而已。注然勃然，莫不出焉；油然漻然，莫不入焉。已化而生，又化而死，生物哀之，人類悲之。（知北遊篇，頁七四六）

因此，處於實際狀態的人之悲哀性是由「死亡」問題所引起的。「死亡」——無論是個體的人之本能恐懼或是就全體人類而發的存在極限之界定，總是一個不可避免的事實。而莊子解決此問題時，採取了一種極爲特異的方式，對死亡不但不作任何形式的抗拒，反而欣然地接受。他不從死亡這個事實之外，去建立或創造一些其他的抽象價值，以抵消這不可避免的生理極限，反倒是直接走進這命定的事實中去，將死亡的意義作一個深沈的反省批判，並且由此批判中找尋到處於實際狀態的人對死亡的自處之道。以這種釜底抽薪的辦法來解決處於實際狀態的人情緒上的恐懼，並試圖打破處於實際狀態的人存在之極限。

死生，命也。其有夜旦之常，天也。人之有所不得與，皆物之情也。（大宗師篇，頁二四一）

莊子妻死，惠子弔之，莊子則方箕踞鼓盆而歌。

惠子曰：「與人居，長子老身，死不哭亦足矣，又鼓盆而歌，不亦甚乎！」

莊子曰：「不然。是其始死也，我獨何能无槪然！察其始而本无生，非徒无生也而本无形，非徒无形也而本无氣。雜乎芒芴之間，變而有氣，氣變而有形，形變而有生，今又變而之死，是相與爲春秋冬夏四時行也。人且偃然寢於巨室，而我噭噭然隨而哭之，自以爲不通乎命，故止也。」（至樂篇，頁六一四～五）

莊子認爲處於實際狀態的人之死生就像白天和黑夜遞相變化一樣，這是處於實際狀態的人所不能干預的、且無法改變的事實。死生的問題，是不能隨主觀意志而改變客觀的必然性。客觀的必然性就是自然無爲的「道」之變化原理。因此莊子主張處於實際狀態的人不須要做任何有爲活動去抗拒死亡，只能因任自然無爲的「道」之變化原理，就是「安之若命」。

生也死之徒，死也生之始，孰知其紀！人之生，氣之聚也；聚則爲生，散則爲死。若死生爲徒，吾又何患！故萬物一也，是其所美者爲神奇，其所惡者爲臭腐；臭腐復化爲神奇，神奇復化爲臭腐。故曰「通天下一氣耳。」聖人故貴一。（知北遊篇，頁七三三）

此處，顯示出了沒有絕對的「死亡」。死亡，並非滅絕，而卻是另一種形式的更生。死生爲徒，於此爲死，於彼爲生，死亡只是「臭腐復化爲神奇」或「神奇復化爲臭腐」的一種轉變，除此之外，沒有什麼特殊的意義。「通天下一氣耳」，存在永遠存在，並不因爲其形式之改變而有任何的差別。至於所謂之「神奇」與「臭腐」，亦只是處於實際狀態的人「所美」與「所惡」造成的結果而已。因此，莊子是想讓處於實際狀態的人領悟：雖然個別的、經驗的自我會喪失，但是仍有一永恆的自我存在。

指窮於爲薪，火傳也。不知其盡也。（養生主篇，頁一二九）

莊子引燭薪與火傳的比喻來指出：人雖然死亡，仍有一永恆的生命存在。永恆的生命就是最眞實存有——「道」。因此處於實際狀態的人不須要對現實生命產生感情的執著，如此卽可解消對生死之好惡之情。

予惡乎知說生之非惑邪！予惡乎知惡死之非弱喪而不知歸者邪！麗之姬，艾封人之子也。晉國之始得之也，涕泣沾襟；及其至於王所，與王同筐牀，食芻豢，而後悔其泣也。予惡乎知夫死者不悔其始之蘄生乎！（齊物論篇，頁一〇三）

在此，莊子固然反對處於實際狀態的人之悅生惡死或求長生之欲，但是莊子並不主張惡生悅死，並不以世上之生老病死與不得意之事變時時困擾其身而求速死以解脫，因爲如此仍然懷有感情的執著，而且是違反自然無爲的「道」。因此，莊子認爲生死固不足輕重，而且就猶如夢、覺一般。

方其夢也，不知其夢也。夢之中又占其夢焉，覺而後知其夢也。且有大覺而後知此其大夢也。（齊物論篇，頁一〇四）

昔者莊周夢爲胡蝶，栩栩然胡蝶也，自喻適志與！不知周也。俄然覺，則蘧蘧然周也。不知周之夢爲胡蝶與，胡蝶之夢爲周與？周與胡蝶，則必有分矣。此之謂物化。（齊物論篇，頁一一二）

莊周夢爲蝴蝶時，則栩栩然蝴蝶也；覺而爲莊周，則蘧蘧然爲莊周。化爲何物則安於何物，

對自然之變化，任其變化；對本身之變化，順其變化。（註二）

為善无近名，為惡無近刑。緣督以為經，可以保身，可以全生，可以養親，可以盡年。（養生主篇，頁一一五）

終其天年而不中道夭者，是知之盛也。（大宗師篇，頁二二四）

如此，處於實際狀態的人只要「緣督以為經」，就是「安之若命」，順應自然而達到「終其天年而不中道夭」。這就是莊子為處於實際狀態的人提供的生死態度。

第二節 逍遙觀

上節所言及的，是死亡在莊子中的意義，以及處於實際狀態的人面對死亡所該有的自處態度。然莊子心目中處於實際狀態的人具有的最大悲哀性，不是「死亡」，而是「心死」。

夫哀莫大於心死，而人死亦次之。（田子方篇，頁七〇七）

莊子在此作了一種和別人不同的判斷。人們通常認為人生再沒有比死亡更為悲哀的事了。但是，莊子卻認為「哀莫大於心死」。這個判斷有異於一般人對悲哀的經驗。因而莊子此地所謂的悲哀，實非基於情意之經驗而發，而是基於理性對經驗的一種特殊的判斷。

一受其成形，不忘以待盡。與物相刃相靡，其行盡如馳，而莫之能之，不亦悲乎！終身役役而不見其成功，苶然疲役而不知其所歸，可不哀邪！人謂之不死，奚益！其形化，其心與之然，可不謂大哀乎？人之生也，固若是芒乎？其我獨芒，而人亦有不芒者乎？夫隨其成心而師之，誰獨且无師乎？」（齊物論篇，頁五六）

「死亡」就活着的人而言，雖然終歸要面臨，但是就此時此刻而言，畢竟尚未眞正來臨。而莊子認爲，處於實際狀態的人面對「生」之問題卻常常要大於面對「死」的問題。然處於實際狀態的人皆以爲其生命只限於自然生理的感性層次。因此，其一切行爲便皆與維持及改善此生命有關。

達生之情者，不務生之所无以爲；達命之情者，不務知之所无奈何。養形必先之以物，物有餘而形不養者有之矣；有生必先无離形，形不離而生亡者有之矣。生之來不能卻，其去不能止。悲夫！世之人以爲養形足以存生；而養形果不足以存生，則世奚足爲哉！雖不足爲而不可不爲者，其爲不免矣。夫欲免爲形者，莫如棄世。棄世則无累，无累則正平，正平則與彼更生，更生則幾矣。事奚足棄而生奚足遺？棄事則形不勞，遺生則精不虧。夫形全精復，與天爲一。天地者，萬物之父母也，合則成體，散則成始。形精不虧，是謂能移；精而又精，反以相天。（達生篇，頁六三〇～二）

既然形軀是萬物之一，也就必須靠「物」來生存。但是，莊子之所以提出這一段話，並不是爲了肯定「養形」的需要，而是爲了批評處於實際狀態的人將整個生命精神全貫注於「養形」。處於實際狀態的人之精神遂因落在「物之世界」，而陷溺於無限的追逐中，莊子在此的悲嘆，並不異於他論「心死」時所發出的感嘆。因此，莊子認爲避免「心死」，最好的方法就是「與天爲一」、「反以相天」。

死生存亡，窮達貧富，賢與不肖毀譽，飢渴寒暑，是事之變，命之行也；日夜相代乎前，而知不能規乎其始者也。故不足以滑和，不可入於靈府。使之和豫，通而不失於兌；使日夜无郤而與物爲春，是接而生時於心者也，是之謂才全。（德充符篇，頁二一二）

「事之變」、「命之行」皆是自然無爲的「道」之變化。因此，處於實際狀態的人不須要努力改變「命」，只要能因任自然無爲的「道」之變，即可以「才全」。

无爲也而後安其性命之情。（在宥篇，頁三六九）

處於實際狀態的人認清有爲活動的相對性而不向外追逐物，就是說拋棄一切外在的牽掛，方能自然而然的達到無爲的活動，這就是「安之若命」的人生態度。

以上可知，莊子給處於實際狀態的人的人生態度是不要「與物相刃相靡」而陷入「心死」

的狀態，是因任自然無爲的「道」之變化原則的人生態度。

无以人滅天，无以故滅命，无以得殉名。謹守勿失，是謂反其眞。（秋水篇，頁五九〇～一）

不以心損道，不以人助天。（大宗師篇，頁二二九）

因此，處於實際狀態的人要努力的方向是消除「成心」而「反其眞」，就是「忘己」而達到逍遙無待的境界。

【附註】

註一 徐復觀，中國人性論史、先秦篇（商務印書館、六八年、五版），頁三七五。

註二 陳品卿，莊學新探（文史哲出版社，七二年），頁九七。

結論

莊子所說的「人」可分爲處於實際狀態的人以及處於理想狀態的人，並且莊子所說的「天」指著自然無爲的「道」之變化原則。因此莊子心目中的「天人之際」可表示如下：

人	物之世界	有形世界 有爲世界	物 人僞	處於實際狀態的人
天	道之世界	無形世界 無爲世界	一氣 天	處於理想狀態的人

處於實際狀態的人存在及活動於「物之世界」。「物之世界」是以「物」構成的世界，也是「以物觀之」的世界。莊子所說的「物」包括有形之物和觀念物，其中有形之物的基本狀態如下：

第一：有形之物受時空的限制，因而具有有限性。並且六合之內爲「物之世界」，爲處於實際狀態的人所迷惑的有限的有形宇宙。

第二：有形之物隨著時空的分別而具有分別對立性。並且由於有形之物的分別對立性而引起相對性。

第三：有形之物受時間的局限，因而發生從「生」到「死」的時間過程。這些過程當中，沒有物是不變的，並且這種過程必須依賴某些條件才能發生。因此有形之物具有有待而變性，是不自然、不自在、不完美的。

觀念物是處於實際狀態的人經過有名活動而組成的。所以無論有形之物或觀念物皆有其相同的地方。第一，它們都外在於人之本性；因其爲處於實際狀態的人無限追求的目的，故使得人離其性、易其性。第二，它們都是有限的、相對的、不完美的。就莊子而言，「物」只在某些條件之下存在而有主觀的價值。由於它們沒有絕對的價值，所以它們不應該對人的行爲有絕對的要求，也沒有一個可作爲無限追逐的絕對對象。

處於實際狀態的人不過是萬物之一，因而有其「生死」。又因他具有「自我」爲中心的「成心」，而有「與物相刃相靡」的有爲活動。首先，有名和有知活動是解釋「物之世界」的活動；可是經過有名和有知活動而得到的只是相對性的觀念物（包括知識、思想）而已。其次，有欲活動是「成心」的好惡之情引起的佔有「物」、支配「物」的活動；然佔有「物」、支配「物」的有爲活動，因干涉了物的自然，結果，主體乃爲物所累而「終身役役而不見其成功」。當人完全被物所累時，主體的本性就會隨之而被隱沒，也因此喪失了其性，這就是莊子所謂的「心死」。

如此，以「物」構成的有形、有爲的「物之世界」，是問題狀態的世界。因此，莊子經過「物之世界」的反省，而提出「無爲無形」的「道之世界」。

處於理想狀態的人存在及活動於「道之世界」。「道之世界」是「以道觀之」的世界，也是最眞實的世界，莊子所說的「道」具有如下的特性。

第一：「道」不受時空的限制，因此「道」具有無限性。並且「道之世界」爲無限，無形的「宇宙」。

第二：「道」不受時空的限制，因而沒有分別對立性。「道未始有封」，「道」具有混融整體性。

第三：「道」以外沒有任何東西，因此「道」是「自本自根」、「自古以固存」，而不須要依賴其他條件才能產生。「道」具有自存性。

因此，「道」不能以語言來限定，「道不當名」、「言而非也」。並且主客對立的「小知」當中，不能得到「道」。因此莊子所謂的「眞知」、「大知」，可稱之爲「不知之知」、

「無知之知」，而且「大知」不是與「小知」相對之知，而是超乎知與不知的超越知。如此的「大知」是處於理想狀態的人之「無心」上得到的。處於理想狀態的人與「道」，因「無心」而沒有好惡之情，是「無情」的。因而「道」與處於理想狀態的人之活動是自然無爲的活動。自然無爲的活動並不是說沒有活動，而是「無爲而無不爲」的活動，也就是說無目的、無法限定的大有爲的活動。

莊子所說的「道之世界」與處於理想狀態的人，並不是莊子的夢想。莊子認爲，「道之世界」具有其實際性。因此莊子爲了保證「道之世界」的實際性，就提出「道通爲一」的理論根據：㈠「道」生萬物，每個有形之物的根源就是「道」。㈡「道」在萬物，每個有形之物的本體就是「道」。㈢「道」之自化，每個有形之物皆順著「道」而可以自化。如此，莊子在「道通爲一」的形上原則之下，保證處於實際狀態的人成爲處於理想狀態的人之可能性。

莊子經過「道通爲一」的方法而達到的理想，可以說是「天地與我並生，而萬物與我爲一」的境界，然惠子也指出「氾愛萬物，天地一體也」的理想。因此，好像莊子與惠子的理想非常接近。但是，惠子的理想「天地一體」是經過「有知」活動而得到的，因此是相對於「有知」的主體來說「天地一體」，也因而「天地一體」中不能包括認識主體，認識主體無法泯入「天地一體」中。如此惠子只能達到「以爲有物」的境界，而還不能達到「以爲未始有物」的境界。

莊子所說的「道通爲一」的方法，並不是主客對立的「有知」活動，而是遺忘「自我」的「反己」活動。「反己」活動就是消除「成心」的活動。經過「喪我」、「心齋」、「坐忘」、「見獨」的工夫可以消除「成心」，然後在「虛」、「靜」、「明」的「無心」上可以達到自然無爲的「道之世界」。如此，「道通爲一」的方法是從外到內、「忘之又忘」的工夫。

莊子反省「物之世界」而展現「道之世界」，又以「道通爲一」的方法，來指出處於實際狀態的人成爲處於理想狀態的人之一條路。因此莊子哲學對一般的個人提供的人生態度是因任自然無爲的「道」之變化原則，就是「安之若命」的人生態度。所以莊子認爲處於實際狀態的人不須要追求長生不老，只能順著自然無爲的「道」之變化原則而超脫「生死」問題，也不須要「與物相刃相靡」的有爲活動，只能因任自然無爲的「道」之變化原則而迄逍遙自在的境界。

最後，吾人敬引嚴師靈峯先生對莊子哲學思想的批判，做爲本論文的總結：（註一）

㈠莊子思想雖然是消極的出世主義，但他的相對論和循環論，亦自有客觀的根據。

㈡他的主要缺點是過份地信賴自然的發展，而忽視了人爲的努力。這就是荀子所批評的：

「蔽於天而不知人。」

㈢相對主義泯除了世間的是、非，善、惡，貴、賤，利、害的各種差異，足以鼓勵人類走向消極的道路；但同時也對於主觀的獨斷主義，予以一種制衡的作用。

㈣他反對熱中的功利主義，未始不是給亂世的物慾橫流的社會以一種清涼的藥劑。

㈤最後，我們可以說：莊子的思想，治身有餘，用世不足，但若把莊子看做一個「唯心主義」和「不可知論者」或「懷疑主義」；那都是對他的思想之最大諒解，因爲莊子對於一切問題的解答都是「肯定的」！

【附　註】

註　一　嚴靈峯，「莊子的思想體系及其自然主義」，收於老列莊三子研究文集，（經子叢著）第九册，頁五二六。

參考書目

一、民國前之莊子注釋

向　秀　莊子注張湛列子注引　台北　明倫出版社　六十年

郭　象　莊子注　台北　商務印書館　六十年

支道林　逍遙論張湛列注引　台北　明倫出版社　六十年

陸德明　莊子音義　台北　藝文印書館　五四年

成玄英　南華眞經注疏　台北　藝文印書館　五四年

呂惠卿　莊子義　台北　藝文印書館　五四年

陳景元　南華眞經句義　台北　藝文印書館　五四年

林希逸　南華眞經口義　台北　藝文印書館　六一年

吳　澄　莊子內篇訂正　台北　藝文印書館　五四年

沈一貫	莊子通	台北 藝文印書館	五四年
焦竑	莊子翼	台北 新文豐出版公司	六七年
釋德清	莊子內篇注	台北 廣文書局	六二年
王船山	莊子解	台北 廣文書局	六一年再版
王船山	莊子通	台北 河洛出版社	六四年
林雲銘	莊子因	台北 廣文書局	五七年
宣穎	南華經解	台北 藝文印書館	六三年
陳壽昌	南華眞經正義	台北 新天地出版社	六六年
王先謙	莊子集解	台北 三民書局	六三年
郭慶藩	莊子集釋	台北 華正書局	六八年

二、民國後之莊子研究

嚴靈峯	莊子選注	台北 正中書局	六六年台二版
嚴靈峯	老莊研究	台北 中華書局	六二年二版
嚴靈峯	道家四子新編	台北 商務印書館	五七年

嚴靈峯　老列莊三子研究文集「經子叢著」第九册　台北　國立編譯館　七二年
王叔岷　莊學管闚　台北　藝文印書館　六七年
王叔岷　莊子校釋　台北　國風出版社　六一年
朱桂曜　莊子內篇證補　台北　藝文印書館　六三年
吳　康　老莊哲學　台北　商務印書館　六八年台七版
吳　康　莊子衍義　台北　商務印書館　五五年
吳　怡　逍遙的莊子　台北　新天地書局　六二年
李君奭譯　莊子平話　彰化　專心企業　六六年四版
周紹賢　莊子要義　台北　中華書局　七二年
郎擎霄　莊子學案　台北　河洛出版社　六三年
馬敍倫　莊子義證　台北　弘道文化公司　五九年
胡哲敷　老莊哲學　台北　中華書局　六八年台七版
高　亨　莊子今箋　台北　中華書局　六十年
張默生　莊子新譯　台北　綠州出版社　五八年

張成秋　先秦道家思想研究　台北　中華書局　六十年
陳鼓應　莊子哲學　台北　商務印書館　五五年
陳鼓應　莊子今註今譯　台北　商務印書館　六九年四版
陳品卿　莊學新探　台北　文史哲出版社　七二年
陳冠學譯　莊子　台北　三民書局　六六年四版
陳啓天　莊子淺說　台北　中華書局　六十年
章太炎　莊子解故　台北　廣文書局　五九年
章太炎　齊物論釋定本　台北　廣文書局　五九年
郭　爲　老莊哲學與道學　台北　興國出版社　六六年
鄔昆如　莊子與古希臘哲學中的道　台北　國立編譯館　六五年二版
葉國慶　莊子研究　台北　商務印書館　五六年
黃錦鋐　新譯莊子讀本　台北　三民書局　六六年再版
黃錦鋐　莊子（中國歷代思想家）　台北　商務印書館　六七年
黃錦鋐　莊子及其文學　台北　東大圖書公司　六六年
蔣錫昌　莊子哲學　台北　環宇出版社　五九年

趙金章　莊學管窺　台北　弘道文化公司　六四年

錢　穆　莊子纂箋　台北　三民書局　六七年再版

錢　穆　莊子通辨　台北　三民書局　六二年台再版

錢基博　讀莊子天下篇疏記　台北　商務印書館　六五年台三版

王　煜　老莊思想論集　台北　聯經出版公司　六八年

袁宙宗　莊子學說體系闡微　台北　黎明文化公司　六六年再版

蕭純伯　莊子治要　台北　商務印書館　六九年二版

紀敦詩編著　莊子正解　屏東　自印　六八年再版

宋稚青譯　老莊思想分析　台北　光啟出版社　六九年三版

蘇新鋈　郭象莊學平議　台北　學生書局　六九年

林鎮國　莊子轉俗成眞之理論結構　台北　師範大學國文研究所彙刊第二十二號　六六年

李　增　老莊「道」之研究　台北　輔仁大學哲學博士論文　六九年

丁原植　老莊哲學中「有」「無」問題之研究　台北　輔仁大學哲學博士論文　七十年

三、本文相關之參考資料

馬　浮　復性書院講錄（上下）　台北　夏學社　七十年

熊十力　十力語要　台北　廣文書局　五一年

熊十力　體用論　台北　學生書局　六五年

熊十力　乾坤衍　台北　學生書局　六五年

熊十力　明心篇　台北　學生書局　六五年

梁漱溟　中國文化要義　台北　正中書局　五八年台四版

梁漱溟　東西文化及其哲學　台北　虹橋書店　五七年

方東美　中國哲學之精神及發展　台北　聯經出版公司　七十年

方東美　中國人生哲學　台北　黎明文化公司　七四年台四版

方東美　方東美先生演講集　台北　黎明文化公司　六七年

方東美　生生之德　台北　黎明文化公司　六八年

方東美　原始儒家道家哲學　台北　黎明文化公司　七二年

唐君毅　中國哲學原論（導論篇）　台北　學生書局　六八年四版

唐君毅　中國哲學原論（原道篇）　台北　學生書局　六七年三版
唐君毅　中國哲學原論（原性篇）　台北　學生書局　六八年四版
唐君毅　中西哲學思想之比較研究集　台北　宗青出版公司　六七年
唐君毅　哲學概論　台北　學生書局　六七年四版
徐復觀　中國人性論史先秦篇　台北　商務印書館　六八年五版
徐復觀　中國藝術精神　台北　學生書局　六八年六版
徐復觀　中國思想史論集　台北　學生書局　六八年台三版
錢　穆　國學概論　台北　商務印書館　四九年
牟宗三　中國哲學的特質　台北　學生書局　六四年台再版
牟宗三　才性與玄理　台北　學生書局　六七年台再版
牟宗三　名家與荀子　台北　學生書局　六八年
牟宗三　智的直覺與中國哲學　台北　商務印書館　六三年二版
牟宗三　現象與物自身　台北　學生書局　六五年再版
牟宗三　中國哲學十九講　台北　學生書局　七二年
馮友蘭　中國哲學史

胡　適　中國古代哲學史　台北　商務印書館　七一年台五版
嚴靈峯　學術論著及雜文序跋「經子叢著」第十冊　台北　國立編譯館　七二年
羅　光　中國哲學思想史先秦篇　台北　學生書局　七一年重版
羅　光　中國哲學大綱　台北　商務印書館　五六年
羅　光　中國哲學的展望　台北　學生書局　六六年
羅　光　生命哲學　台北　學生書局　七四年
黃公偉　中國哲學史　台北　帕米爾書店　五五年
黃公偉　中國哲學的統合精神　台北　維新書局　六六年
李石岑　中國哲學講話　台北　啟明書局　四七年
任繼愈　中國哲學史
侯外廬　中國思想通史
韋政通　中國思想史　台北　大林出版社　六八年
韋政通　中國哲學思想史批判　台北　水牛出版社　六五年
韋政通　先秦七大哲學家　台北　牧童出版社　六三年

勞思光　中國哲學史(一)　台北　三民書局　七十年
范壽康　中國哲學史綱要　台北　開明書店　七一年台九版
張起鈞　吳怡　中國哲學史話　台北　新天地書局　七四年七版
陳元德　中國古代哲學史　台北　中華書局　六十年台三版
謝无量　中國哲學史　台北　中華書局　六五年台四版
渡邊秀方　中國哲學史概論　台北　商務印書館　六八年台五版
武內義雄　中國哲學思想史　台北　仰哲出版社　七一年
臧廣恩　中國哲學史　台北　商務印書館　七一年
周世輔　中國哲學史　台北　三民書局　七二年三版
吳　怡　中國哲學發展史　台北　三民書局　七三年
蔡懋堂　中國思想史　台北　學生書局　六七年
鍾　泰　中國哲學史　台北　商務印書館　五八年台四版
王邦雄　中國哲學論集　台北　學生書局　七二年
李　杜　中國哲學思想中的天道與上帝　台北　聯經出版公司　七一年三次印行
余英時　歷史與思想　台北　聯經出版公司　七二年八次印行

李　震　中外形上學比較研究　台北　中央文物供應社　七一年

張振東　中西知識學比較研究　台北　中央文物供應社　七二年

項退結　現代中國與形上學　台北　黎明文化公司　六七年

楊慧傑　天人關係論　台北　大林出版社　七十年

傅佩榮　儒道天論發微　台北　學生書局　七四年

高懷民　大易哲學論　台北　成文出版社　六七年

趙雅博　知識論　台北　幼獅文化公司　六八年

鄔昆如　西洋哲學史　台北　國立編譯館　六八年台五版

李耳撰　王弼注　老子（四部備要）　台北　中華書局　六六年台七版